사랑하는 청소년들을 위한 애가

매력적인 그리스도인

- 전희문 목사

_____님께

_____ 드립니다.

책 머리에

요셉은 어린 시절 저의 영웅이었습니다.
힘들고 어려울 때 요셉을 생각하면 절로 용기가 생기고 마음이 행복해졌습니다.

어린 시절에 저는 요셉을 성공적이고 입지적인 위인으로만 생각했습니다. 어린 제 생각으로는 분명 포기할 수밖에 없는 상황인데도 불구하고 요셉은 포기하지 않았고, 결국 당대의 대제국인 이집트의 총리로까지 성공했으니까요.

감옥에 들어간 요셉을 보면서는 제 마음이 너무 아팠습니다.
'얼마나 억울하고 외로웠을까? 종으로 팔려온 이집트

는 낯선 타국이라 아는 사람도 없고, 요셉에게 면회 와줄 사람 하나 없었을 텐데….'

그런 쓸쓸한 옥살이를 하면서도 불평 없이 신실했던 요셉의 굳센 의지가 저는 더욱 부러웠고 본받고 따르고 싶었습니다. 그러다 보니 어느덧 요셉의 꿈이 저의 꿈이 되었고, 요셉의 그 인내와 성취가 곧 제 모습으로 도치되어 갔던 것이지요.

역경 속에서 더욱 빛을 발하던 요셉의 행동을 모범으로 삼아 저를 비슷하게 동일시해 가면서, 제 행동 하나하나를 요셉과 맞춰 가려고 노력하고 애썼습니다. 그러면서 요셉을 통해 대리 만족을 누린 셈입니다.

그러나 신앙의 철이 들면서 저는 요셉을 바로 알게 되었습니다. 요셉의 그런 매력적인 삶과 성공이 하나님이 주신 은혜였고 하나님이 그를 사용하셨다는 것을 말이지요.

요셉은 어떤 어려움 속에서도 하나님이 주신 꿈을 포기하지 않았습니다. 그렇게 할 수 있었던 원동력은 꿈을 주신 하나님을 믿었기 때문입니다.

인간이라면 누구나 성공하고 싶어합니다. 그러나 진정한 성공은 하루아침에 급조(急造)될 수 없다는 것을 알아야 합니다. 로또에 당첨되어 하루아침에 돈방석에 앉는 것은 진정한 성공이 아닙니다. 그러므로 땀과 시간이라는 성공의 마중물이 반드시 필요하다는 것을 기억하시기 바랍니다. 마중물이 있어야 깊고 깊은 곳에 잠재되어 있는 맑고 청량한 샘물을 끝없이 길어 올릴 수 있다는 것을 이미 아시지 않습니까.

이 책은 어느 날 하나님께서 주신 은혜로 요셉을 묵상하다가 아이디어를 얻어 펴내게 되었습니다.

매주 하나님께서 끊이지 않는 샘물처럼 계속 요셉에 대한 설교를 하도록 강권하여 이끄셨습니다. 어린 시절과 다르게 이제는 요셉의 신앙과 삶의 향기에 제가 깊이 매혹되었습니다.

설교가 끝난 주일 저녁이 되면 저도 모르게 요셉에게 이끌렸고, 나누고 싶어졌고, 그래서 어김없이 그 다음 주일에는 요셉의 매력을 설교할 수밖에 없었습니다.

그런데 설교 후에 성도들이 받은 은혜를 저에게 고백

했고, 그 고백이 공감되어 지금이야말로 우리 그리스도인들이 그리스도인다운 매력을 발산해야 할 때라는 작은 소명감을 느꼈습니다.

그래서 읽기 쉽도록 에세이로 책을 펴내기로 마음먹었습니다. 인기가 있고 없고는 상관없습니다. 그냥 제목만이라도 그리스도인으로서 매력적인 삶을 생각하게 한다면, 그래서 우리 그리스도인들의 이미지 개선에 조금이라도 도움이 된다면 제 소박한 목적은 이루어진 것이기 때문입니다.

지금 우리 기독교는 사방으로 우겨쌈을 당하고 있습니다. 소위 안티기독교세력이 전에 없이 극성입니다. 보는 것만으로도 너무 가슴이 쓰려서 인터넷 검색을 하기조차 두려울 지경입니다. 지나치게 비판적인 그들에게 문제가 없는 것은 아니지만 우리가 이런 문화를 극복하는 길은 기독교의 고유한 생명력을 발휘하는 것입니다. 그것이 바로 우리 그리스도인이 보여주어야 할 매력입니다.

지금 우리에게 필요한 것은 상대를 제압하는 달변도 아니고, 세상을 놀라게 할 대단한 규모의 성공주의도 아닙니다. 그리스도인다운 매력입니다. 세상 속에 있으면서도 세상에 물들지 않고, 절망할 수밖에 없는 상황에서도 절대 포기하지 않으며, 하나님이 전혀 무시되는 공간에서도 살아 계신 하나님을 경험하는 진짜 신자다운 그런 매력 말입니다. 다른 사람을 매료시키는 인격의 향기, 진실한 사랑의 흡인력이 필요한 것입니다.

요셉의 모습에는 그런 매력이 있었습니다.
요셉의 삶을 보면서 저는 요셉의 삶 전체를 관통하는 신앙의 고백을 느낍니다. 바로 이것입니다.
"하나님은 결코 침묵하고 계시지 않습니다.
하나님은 준비하고 계십니다."
때때로 우리는 감당하기 버거운 현실 앞에서 불평할 때도 있지 않습니까.
'왜 아무 응답이 없으십니까? 하나님 아버지, 지금 어디 계십니까? 지금 저의 답답한 이 상황을 보고 계시기는 하신 겁니까?'
그럴 때 차분한 마음으로 요셉을 생각해 보십시오.

이 책을 접하는 모든 분들이 진심으로 요셉과 같은

신앙의 승리를 경험할 수 있기를 바랍니다.

특히 책을 펴내는 일에 소극적인 저를 제 아내가 적극 격려해 주었습니다.
살아오면서 저 때문에 가슴에 상처가 많은데도, 시린 가슴을 안고 숙명처럼 저를 사랑해 준 아내에게 진심으로 감사드립니다.

원고 정리를 위해 애써 주신 나됨 출판사의 작가 김이리 님께 감사드립니다.

2010년 11월
목포새한교회 시무 20년을 보낸 서재에서 전희문

차례 / Contents

매력적인 그리스도인

책 머리에 … 전희문 목사 / 3

1. 정체성이 분명한 사람(정체성) ▶ 13
2. 믿을 만한 사람(신뢰) ▶ 39
3. 섬기는 사람(봉사) ▶ 57
4. 용서하는 사람(용서) ▶ 75
5. 하나님의 비전으로 사는 사람(비전) ▶ 95
6. 말을 잘 하는 사람(언어) ▶ 109
7. 인생을 잘 마무리하는 사람(죽음) ▶ 127

…… 글을 맺으며 ▶ 145

매력적인 그리스도인

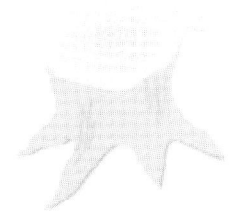

1. 정체성이 분명한 사람 (정체성)

매력적인 그리스도인의 첫 번째 조건은 자기 정체성이 분명한 사람입니다. 정체성(正體性)이란 변하지 않는 존재의 본질을 깨닫는 성질을 말하지요.

"요셉이 이끌려 애굽에 내려가매 바로의 신하 친위대장 애굽 사람 보디발이 그를 그리로 데려간 이스마엘 사람의 손에서 요셉을 사니라 여호와께서 요셉과 함께 하시므로 그가 형통한 자가 되어 그의 주인 애굽 사람의 집에 있으니 그의 주인이 여호와께서 그와 함께 하심을 보며 또 여호와께서 그의 범사에 형통하게 하심을 보았더라 요셉이 그의 주인에게 은혜를 입어 섬기매 그가 요셉을 가정 총무로 삼고 자기의 소유를 다 그의 손에 위탁하니 그가 요셉에게 자기의 집과 그의 모든 소유물을 주관하게 한 때부터 여호와께서 요셉을 위하여 그 애굽 사람의 집에 복을 내리시므로 여호와의 복이 그의 집과 밭에 있는 모든 소유에 미친지라 주인이 그의 소유를 다 요셉의 손에 위탁하고 자기가 먹는 음식 외에는 간섭하지 아니하였더라 요셉은 용모가 빼어나고 아름다웠더라"(창 39:1-6).

요셉은 용모가 빼어나고 아름다운 사람이었습니다. 쉬운 성경에는 '요셉은 멋지고 잘생긴 사람이었더라.'고 표현되어 있습니다. 요셉은 잘생기고 호감이 가는 '매력적인 사람'이었다는 말입니다.

잘생긴 사람이 다 매력적인 사람이 되는 것은 아닙니다. 외모가 매력의 전적인 조건이 되는 것은 아닙니다. 못생겨도 매력이 넘치는 사람도 있고, 외모는 수려하게 잘생겼어도 매력이 꽝인 사람도 얼마든지 있습니다.

사람은 저마다의 개성이 다르기 때문에 풍기는 매력이 다릅니다. 지구상의 60억이 넘는 사람들 개개인이 지닌 매력은 고유하고도 독특합니다.

매력적인 사람은 인기가 있어서 늘 주위에 사람이 많이 모여듭니다. 사람을 끌어당기는 보이지 않는 에너지가 있기 때문입니다.

어떤 사람이 매력적인 사람입니까?

'건강한 사람'이 미인이고 매력적인 사람입니다.

건강은 근육질이 대단한 육체적 건강만을 말하지 않습니다. 생각과 사상이 반듯해야 건강한 사람입니다. 이것을 정신적 건강이라고 합니다. 육체와 정신이 균형을 이룰 때 진정으로 건강하다고 말할 수 있습니다.

그런데 진정한 건강은 영적인 건강, 즉 하나님과의 올바른 관계에서 나옵니다.

영적인 자기 정체성이 분명한 사람이 매력적인 그리스도인입니다.

첫째, 요셉의 삶은 철저하게 하나님과의 관계 속에서 시작됩니다.

하나님이 함께 하셨습니다. (대신관계)

여호와께서 요셉과 함께 하시므로 요셉은 형통한 자가 될 수 있었습니다. 하나님이 함께 하심, 하나님과의 관계, 이것이 요셉의 매력적인 삶의 뿌리였습니다.

다음으로는 보디발과 같은 요셉 주변 사람들이 요셉의 매력을 보았습니다. (대인관계)

보디발은 하나님이 요셉과 함께 하심을 보았습니다. 그리고 여호와께서 요셉이 하는 모든 일에 형통하게 하심을 보았습니다. 그래서 근본도 모르는 히브리 노예 신분인 요셉을 신뢰했고 가정의 모든 살림을 요셉에게 맡길 수 있었을 것입니다.

요셉의 삶의 배경은 진흙탕이었습니다. 그러나 그의 삶은 보석처럼 매력적인 삶이었습니다. 마치 흙탕물 속에서 피어나는 연꽃처럼 진흙탕 속에서도 자신만의 도도한 매력을 발산하고 있었습니다. 어떤 귀족보다도 매력적인 삶을 살았습니다.

둘째, 자기 정체성이 건강한 사람에게는 이런 특징들이 있습니다.

유혹을 이깁니다.
보디발의 아내의 집요한 유혹을 물리칠 수 있었던 이유가 바로 정체성입니다. 그의 현실적인 정체성을 살펴

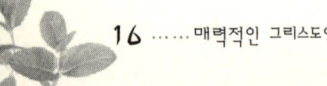

보겠습니다.

'나는 가정총무다'(8절).

요셉은 자기의 직분과 분수를 알고 있었다는 말입니다. 그리고 주인과의 관계에 대한 확실한 자기 위치를 지키고 있었습니다.

'나는 목사다.', '나는 남편이다.', '나는 대한민국 국민이다.', '나는 새한교회 성도다.'…

이와 같은 자기 직분과 위치에 대한 정체성이 분명할 때 거기에 맞는 처신을 감당하면서 살 수 있습니다. 사람은 자기의 정확한 직분을 알 때 과욕을 부리지 않고 본분을 지키며 살 수 있습니다.

'나는 하나님의 사람이다'(9절).

요셉은 자신이 하나님의 사람이라는 분명한 확신이 있었습니다. 하나님의 사람이기 때문에 무슨 일이 있어도 하나님께 득죄할 수 없었던 것입니다.

이것은 자신의 영적인 정체성입니다. 가나안 땅에서 야곱의 가장 총애받는 아들의 위치에 있을 때도 그러했고, 애굽 땅에서 비록 노예였으나 역시 마찬가지로 그는 하나님의 아들이었습니다. 그러므로 진정한 자기 정체성은 하나님과의 관계에서 결정됩니다.

'나는 하나님의 사랑받는 하나님의 자녀다!'
'하나님의 자녀다운 생활을 해야 한다!'
'나는 하나님 앞에서 산다.'
'하나님께서 나를 주목하고 계신다.'

이런 정체성만 확고히 서 있다면, 그 어떤 상황에서도 흔들리지 않는 믿음을 지키며 살아갈 수 있습니다.

그러므로 정체성은 '나무의 뿌리'와 같습니다. 바람이 불면 가녀린 잎사귀들은 이리저리 흔들리게 마련입니다. 강한 비바람이 몰아치면 잎사귀는 물론이고 가지도 흔들리며 심지어 몸통까지도 흔들립니다. 그러나 뿌리가 살아서 든든히 버티고 있으면 그 어떤 무서운 태풍이 몰아쳐도 이길 수 있습니다.

정체성이 분명한 사람은 서로 비교하지 않고 다름을 인정합니다.

이 세상에는 많은 다양한 사람들이 존재하고 있습니다. 백인종·황인종·흑인종이 더불어 살아가고 있습니다. 영하 50도를 넘는 시베리아의 추운 지대에서 사는

사람이 있는가 하면 아프리카처럼 열사의 지역에서 사는 사람도 있습니다. 또한 죽을 때까지 펑펑 써도 다 못 쓸 큰 부를 소유한 사람도 있고, 하루에 한 끼도 먹을 수 없는 절대 빈곤 속에서 허덕이는 사람도 있습니다.

이렇듯 다양한 사람들에게 자로 재듯이 한 가지의 원칙을 적용할 수는 없습니다.

우리가 잘 아는 얘기가 있습니다. 발명왕 에디슨의 이야기입니다. 그는 학교 선생님과 친구들로부터 저능아라고 왕따를 당해 학교를 그만두고 어머니에게서 개인 교육을 받았습니다. 어머니는 아들이 저능아라고 생각지 않았습니다.

'내 아들은 보통 아들들과 조금 다를 뿐이야. 그렇다면 공부 방법을 바꿔보면 되지.'

그런 어머니 덕분에 에디슨은 주눅들지 않고 좋은 분위기 속에서 공부하고 실험을 계속할 수 있었습니다.

그가 백열등의 필라멘트를 발명 중일 때, 하루는 조수가 에디슨에게 말했습니다.

"선생님, 필라멘트를 발명하려고 벌써 90가지의 재료로 실험했지만 모두 실패했습니다. 결국 필라멘트를 발명한다는 것은 불가능한 일인 것 같아요. 그만 포기하는 게 어떨까요?"

"어허, 자네는 그것을 왜 실패로 생각하나? 우리들은 실패한 것이 아니고, 안 되는 재료가 무엇인가를 90가지나 알아낸 아주 성공적인 실험을 한 것이라네."

이런 끈기로 에디슨이 실험하고 버린 쓰레기 더미가 무려 2층 건물의 높이만큼이나 되었습니다. 그리고 마침내 2,399번의 실패를 거쳐 2,400번 만에 전류를 통해도 타지 않고 빛을 내는 필라멘트를 만드는 데 성공했습니다. 발명하는 일은 늘 어려웠고 수없는 실패가 이어졌습니다. 귀가 잘 들리지 않아 고통스러울 때도 그는 포기하지 않고 연구에 더욱 힘썼습니다.

"천재는 99퍼센트의 노력과 1퍼센트의 재능으로 만들어지는 것입니다."

발명왕 에디슨의 이 말은 혼자서 평생 피땀을 흘리며 노력했던 자신의 삶에 대한 진실한 고백이었습니다.

오늘날 우리가 누리는 이 밝은 세상은 에디슨의 전기 발명에서 비롯된 것입니다. 실패는 성공을 위한 기회입니다. 잘나고 못난 인간이 있는 것이 아니라 다양한 재

능을 가진 인간들이 모여 사는 것이 사회입니다. 다른 사람들의 눈을 두려워하지 말고 자기가 가진 재능을 찾아내어 최선을 다해야겠습니다.

다양성을 인정하면 세상이 풍요로워집니다.
우리가 서로 다름을 알고 인정하고 더불어 살아간다는 것은 자기정체성이 건강한 사람의 모습입니다. 서로 다름을 배려하고 존중하여 화합해 나간다면 독특한 개성이 어우러진 멋진 무늬가 탄생할 것입니다.
그러나 자기정체성이 불분명한 사람은 항상 다른 사람과 비교합니다. 그리고 시기하고 질투합니다. 인생의 소중한 기회들을 다른 사람을 의식하면서 보냅니다. 몹시 안타까운 우리들의 모습입니다.

정체성이 분명한 요셉은 그렇게 살지 않았습니다.
모습도 환경도 사명도 다르기에 그 다름을 인정하고, 하나님이 독특하고 특별하게 계획하신 자신의 삶을 열심히 살았습니다.
요셉과 형들과의 관계를 보면 알 수 있습니다.
형들은 요셉을 시기하고 질투했습니다. 자기정체성이

쇳덩이는 사용하지 않으면 녹이 슬 듯이, 재능도 사용하지 않으면 녹슬어 버린다.

불분명했기 때문입니다. 그러나 요셉은 아랑곳하지 않고 하나님이 주신 꿈을 이야기합니다.

요셉은 지나치게 정직한 사람이었습니다. 그의 정직성은 자기의 안위와 이익을 계산하여 말하게 하지 않았습니다.

'내가 이 말을 하면 내게 손해가 올까, 이익이 올까? 에이, 뒷날을 생각해서 하지 말아야지.'

이런 계산을 하지 못하는 사람이었습니다. 정직하고 순수했기 때문에 하나님이 보여주신 꿈을 가감하지 않고 정직하게 말할 수 있었습니다. 그 결과, 형들의 질투와 시샘을 한 몸에 받게 되었고 애굽에 종으로 팔려가는 화근을 자초했던 것입니다.

요셉은 보디발의 집에서 노예생활을 하면서도 자신의 삶을 비관하지 않았습니다. 궁극적으로 일의 끝을 알고 있는 사람은 절망하지 않습니다. 현재를 하나의 지나가는 과정이라고 생각하기 때문입니다. 하나님을 의지하는 마음이 굳건했기 때문에 요셉은 오히려 보디발을 성실하게 섬겼습니다. 아름답게 단장하고 매일 유혹하는 사모님도 극복해 냈습니다.

우리가 서로 다름이 능력입니다.

우리는 가장 나답게 살아야 하고 그것이 다름의 이유입니다. 또한 그것이 나의 존재이유입니다. 그러므로 서로 비교하여 우월감이나 열등감에 갇히지 말고 '나는 나다.', 그리고 '당신은 당신대로 소중한 사람이다.' 하고 인정하면 매력이 넘치는 그리스도인의 모습으로 바뀔 것입니다.

감정 관리를 잘합니다.
이것은 자기정체성이 분명하고 서로 다름을 인정하는 사람의 모습입니다.

요셉은 청년의 정욕을 극복합니다.
사모님이 요셉을 날마다 유혹합니다. 그때마다 요셉은 얼마나 놀라고 당황스러웠겠습니까. 남편이 한 나라의 군대장관의 위치에 있는 여자라면 아마 그 미모가 보통은 아니었을 것입니다. 게다가 당시의 상류층 여인으로서 하는 일이란 남편의 마음을 끌기 위해 몸을 가꾸는 일이 거의 전부였던 시대였습니다. 그러니 한껏 세련되고 멋있게 단장한 사모님은 누가 봐도 매혹적이었을 것입니다. 노예의 신분으로서는 감히 쳐다보기도 어려운 신분의 여인이 노예인 요셉을 유혹합니다. 참 알 수 없는 여자입니다. 노예의 신분이라는 굴레도 눈에 안 들어올 만큼 요셉이 멋이 있었던 모양입니다.

그러나 사모님의 예상을 뒤엎고 요셉은 유혹에 응하지 않습니다. 아예 장소적으로 피해 버립니다. 사모님은 포기하지 않고 더욱 적극적으로 유혹해 옵니다. 사모님의 막강한 능력으로 넓은 집안에서 둘만의 은밀한 공간을 얼마든지 만들 수 있기 때문입니다.

그러자 요셉은 더 적극적으로 도망합니다.

이것은 대단한 사건입니다.

이때 요셉의 나이는 20대 전후의 혈기왕성한 나이였습니다. 인생의 가장 위험한 시기, 피가 뜨거운 시기가 20대 아니겠습니까. 이성적으로는 분별할 수 있어도 몸과 마음이 따로 논다는 위험한 시기가 20대입니다. 불량한 사람 같으면 없는 스캔들도 만들어서 쾌락을 즐길 그런 나이였습니다.

그러나 요셉은 감정대로 행동하지 않았습니다. 오히려 유혹의 자리를 피했습니다. 부귀나 육체의 즐거움을

단호하게 내던져 버렸습니다. 그는 육에 속한 사람이 아니라 영에 속한 사람이었기 때문입니다.

유혹을 이겨 내기 어려울 때는 그 자리를 피해 버리는 것이 지혜로운 일입니다.

요셉은 노예의 신분인 자기가 사모님의 요구를 거절했을 경우, 어떤 좋지 않은 일이 닥칠 것인지 뻔히 알고 있었습니다. 모르고 피한다는 것과 알면서도 피한다는 것은 큰 차이가 있습니다. 앞으로 닥칠 엄청난 고난을 감수하겠다는 각오가 포함되어 있기 때문입니다.

그 당시 노예에게는 인권이라는 것이 없었습니다. 법적으로 자기를 변호하고 보호할 수 있는 어떤 권리도 없었습니다. 노예는 주인이 돈을 주고 사고파는 재산이었습니다. 젊고 건장한 노예를 사기 위해 허약한 노예 다섯과 바꾸는 일이 예사였습니다. 죽을 때까지 주인의 재산목록에 기록되어 수족처럼 일하다가 죽어야 합니다. 늘 힘에 부치는 노역에 종사하는 노예들은 오래 살지도 못했습니다. 그래서 사는 것 자체가 억울하고 한스러웠습니다. 주인의 명을 어긴 노예는 처형되는 것이 당연하게 여겨지는 시대였습니다.

또한 요셉은 인간으로서 참으로 하기 힘든 일을 해냅니다. 자기의 삶을 완전히 뒤엎어 고난의 구렁텅이로 던져 버린 인륜을 저버린 무정한 형들을 용서한 것입니다(창 45:5-8).

> "당신들이 나를 이 곳에 팔았다고 해서 근심하지 마소서 한탄하지 마소서 하나님이 생명을 구원하시려고 나를 당신들보다 먼저 보내셨나이다 이 땅에 이 년 동안 흉년이 들었으나 아직 오 년은 밭갈이도 못하고 추수도 못할지라 하나님이 큰 구원으로 당신들의 생명을 보존하고 당신들의 후손을 세상에 두시려고 나를 당신들보다 먼저 보내셨나니 그런즉 나를 이리로 보낸 이는 당신들이 아니요 하나님이시라 하나님이 나를 바로에게 아버지로 삼으시고 그 온 집의 주로 삼으시며 애굽 온 땅의 통치자로 삼으셨나이다."

'하나님이 보내셨다.'
'당신들보다 먼저 나를 보내신 것이다.'
'여기에 우리의 생명을 구원하시려는 하나님의 목적이 있었다.'
요셉은 이렇게 말했습니다.

형들 때문에 애굽에 종으로 팔려가서 죽을 만큼 고생하고 살았는데, 그것이 하나님의 고귀한 역사였다고 역설적으로 설명합니다. 자기의 인생을 파멸로 이끌었던 사람들을 그는 용서했습니다. 그리고 그 용서에는 대가를 바라는 것이 없었습니다. 대가를 바라고 용서한 것이 아닙니다. 그들은 용서의 대가를 지불할 만한 처지에 있지도 않았습니다. 요셉의 용서는 무조건적인 것이었습니다.

저는 이 구절을 여러 번 반복하여 읽고 깊이 묵상하였습니다. 보통 사람으로서는 이런 생각이 가능하지 않기 때문입니다.

'요셉도 사람 아닌가? 도대체 어떤 인격을 갖추었기에 그는 이렇게 말할 수 있었을까?'

이런 감정처리는 이성만으로는 불가능합니다. 오직 하나님을 믿는 믿음으로만 가능합니다. 하나님의 통치에 전적으로 순종하는 사람만이 할 수 있는 일입니다. 자신의 모든 생각과 행동의 초점을 하나님 한 분에게 100% 올 인하는 사람만이 할 수 있는 행동이라는 것을 저는 깨닫게 되었습니다.

매력적인 크리스천의 매력 포인트는 감정을 잘 순화하는 데서 나타납니다.

피를 나눈 형들의 배신에 대해서도, 보디발의 집에서 당한 하소연할 데 없는 그 억울함도, 억울하게 갇혀 사는 감옥에서도, 그는 결코 감정대로 행동하지 않았습니다. 그에게 감정이 없어서가 아닙니다.

요셉도 울 줄 알았습니다. 창세기 45장 2절을 보십시오.

> "요셉이 큰 소리로 우니 애굽 사람에게 들리며 바로의 궁중에 들리더라."

요셉은 바로의 궁에서 사랑하는 아우 베냐민과 형제들을 만났을 때, 터질 것 같은 벅찬 감격을 이기지 못해 울음을 참지 못하고 큰 소리로 울었습니다. 얼마나 크게 울었던지 애굽 사람들에게 들리고 궁중에까지도 들렸다고 했습니다.

매력적인 사람은 정서적으로 감정이 풍부한 사람입니다. 정서적으로 메마른 사람보다 풍부한 사람이 매력 있습니다. 웃을 때는 호탕하게 웃을 줄 알지만, 함부로

혈기를 부리거나 감정을 남용하지는 않습니다.

사람들은 사소한 감정조율에 실패하여 매력을 상실합니다. 아무것도 아닌 일에 얼굴을 붉히며 화를 내기도 하고 너무 가볍게 희로애락의 감정을 발산합니다. 그런 사람의 곁에 있으면 마음이 불안하고 평강이 없습니다.

요셉의 이런 관용은 어디서 왔을까요?

하나님이 주신 약속(꿈)을 믿었기 때문입니다(창 37: 5). 신앙은 하나님의 약속을 흔들림 없이 견고하게 신뢰하는 것입니다.

우리의 정체성은 하나님의 말씀에 근거할 때 바로 세워집니다.

또한 요셉은 환경적으로는 아버지 야곱의 사랑을 듬뿍 받고 살았습니다(창 37:3). 아버지의 사랑은 하나님의 사랑을 알게 하는, 눈에 보이는 모델입니다. 그러므로 아버지의 사랑을 받고 자란 사람은 건강한 자아상을 가지고 삽니다. 그러나 그렇지 못한 사람은 그 상처가 치유되기 전까지는 겉모습과 다르게 문제아입니다. 상담학에서는 이것을 '성인아이'라고 합니다.

요셉은 무엇보다 삶의 과정의 경험을 통해서 관용을 배웠습니다.

형들에게 미움을 받아 가장 기본적인 가족 사랑의 끈이 떨어진 후, 그의 삶은 완전히 하나님께 맡겨진 삶이었습니다. 그러므로 그는 노예생활에서부터 궁궐의 총리로 살기까지 변함없이 하나님의 사람으로서의 삶을 살았습니다. 그 세월이 13년입니다.

이런 삶이 반복적으로 계속되면서 요셉은 요셉다운 매력을 발산하게 됩니다. 어느 누구도 흉내 낼 수 없는 요셉만의 매력입니다. 그러므로 하루아침에 만들어진 매력이 아닙니다. 살아온 세월만큼의 연단을 통해서 만들어진 숙성된 매력입니다.

우리나라의 역사에도 굉장한 자긍심을 가진 선비가 있었습니다. 어린 시절, 가난뱅이였지만 하늘을 찔렀던 기개로 유명했던 채제공입니다.

채제공은 조선 정조 때의 문신으로 영의정의 자리에까지 올랐습니다. 사도세자의 폐위를 둘러싼 정쟁 가운데서도 옳고 그름을 가려 직언을 서슴지 않았기에, 영조는 그를 가리켜 '진실로 사심이 없는 나의 신하이고 세손에게 더할 나위없는 충신이라'고 했습니다.

그가 아직 어린 소년이었을 때, 집이 워낙 가난했던 채제공은 공부하고 있는 절에 먹을 식량마저 내놓지 못했습니다. 그러니 함께 공부하고 있던 부잣집 아이들에게 따돌림을 당하고 멸시를 받기가 일쑤였습니다.

"우리 식량으로 얻어먹고 사는 주제에 거만하기까지 하잖아!"

부잣집 아이들이 내놓고 무시해도 채제공은 조금도 기가 죽지 않았습니다.

'가난 따위에 질 내가 아니다. 무시당해도 이를 악물고 참자. 지금은 모든 것을 참고 공부에 전념할 때다. 그깟 모욕을 참지 못한다면, 뒷날 어떻게 큰일을 하겠는가.'

새해가 가까워지자 모든 학생들은 설을 쇠러 자기 집으로 돌아갈 준비에 바빴습니다. 한껏 기분이 들뜬 학생들은 한 편씩 시를 지어 흥취를 뽐냈는데, 채제공만 묵묵히 앉아 있었습니다.

"돌아갈 집이 변변찮아 글을 지을 흥이 나질 않나 보지? 그런 서글픈 마음이라도 읊어 보라구."

마치 학생들은 조롱이나 하듯 입을 모아 채제공에게 시를 지으라고 독촉했습니다. 채제공은 한참 동안 자기를 둘러싸고 앉은 친구들을 물끄러미 바라보더니, 붓을 들고 단숨에 한 편의 시를 휘갈기듯 써냈습니다.

가을바람 스산한 고목에서는
매가 알을 까고
차가운 달빛 아래 눈 덮인 산에서는
호랑이가 정기를 키운다.

이 시를 본 학생들은 마구 손가락질을 하며 채제공을 비웃었습니다. 그러자 채제공은 벌떡 일어나 먼저 산을 내려가고 말았습니다.
그 학생들 속에는 당시 재상의 아들도 있었습니다.
그 아이가 아버지에게 채제공이 지었다는 시 내용을 전하자, 재상은 무릎을 치며 감탄했습니다.
"대단한 인물이다! '가을바람 스산한 고목'이란 것은 곧 영화를 잃게 될 권세가란 뜻이고, 가을에 '매가 알을 깐다'는 것은 너희들을 비웃는 말로, 가을에 깬 매가 어떻게 살 수 있겠느냐? 쯧쯧, '차가운 달빛 아래 눈 덮인 산에서는 호랑이가 정기를 키운다'는 것은 모든 고난을 딛고 공부에 전념하고 있는 자신을 나타

낸 것이다. 무서운 결심이다!"

재상의 말대로 얼마 안 가서 채제공은 모든 귀한 집 자제들을 물리치고 과거에 합격해 벼슬에 올랐습니다. 그리고 가난과 멸시 속에서도 잃지 않았던 큰 꿈을 차근차근 펼쳐 나가 큰 업적을 쌓았습니다.

하루는 채제공이 재상 댁을 방문하고 나오는데, 그만 개가죽이 자기 옷 속에서 떨어져 나오고 말았습니다. 개가죽은 몹시 가난하여 솜옷을 지어 입을 수 없는 사람들이 등에다 대고 추위를 막는 것이었습니다.

채제공은 조금도 부끄러워하거나 난감해하는 기색이 없이 재상 댁의 하인을 불러 말하였습니다.

"이보게, 떨어지지 않게 등에 잘 좀 꽂아 주게나."

이를 지켜본 많은 사람들이 그의 마음 그릇이 큰 것에 놀라며 반드시 높은 벼슬에 오를 것이라고 생각했습니다.

인격이 만들어지는 데도 갈고 닦는 긴 훈련기간이 반드시 필요합니다. 인내의 과정으로 많이 기다려야 합니다. 그렇게 내면적으로 익고 숙성되어 잘 발효되어야만 자신만의 독특하고 진솔한 향기를 지닐 수 있게 됩니다.

나이가 들수록 이런 향기를 발해야 합니다.

누구에게나 자신이 살아온 삶의 독특한 이야기가 있습니다.

그래서 우리는 모두 살아온 세월만큼의 스토리텔링이 있는 것이지요. 그것이 그 사람만의 향취를 지닌 매력입니다. 지구에 60억 명이 넘는 사람이 살고 있지만 그 누구와도 닮지 않은 삶을 살고 있다는 것을 알고, 하나님께서 창조해 주신 유일한 존재인 나 자신에 대한 자긍심을 가져야 합니다. 일란성 쌍둥이의 삶도 얼굴만 닮았지 살아 나가는 삶은 전혀 다른 것입니다.

지난주에 소아마비 성악가 최승원 교수의 간증과 찬양을 들을 기회가 있었습니다. 강단에 오를 때는 저는 다리가 초라하게 보였지요. 간증을 들으면서 부모도 포기한 비참한 불구자가 하나님이 나를 사랑하신다는 정체성으로 세계적인 성악가가 되기까지 살아온 그의 삶의 향기 때문에 매력을 느꼈습니다. 그래서 그가 절뚝거리며 강단을 내려올 때는 그가 채플을 떠날 때까지 우레와 같은 박수로 온 회중이 화답했습니다.

진정한 매력은 이런 것입니다.

이 세상에 매력이 없는 사람은 아무도 없습니다. 왜냐하면 우리는 매력덩어리이신 창조주의 형상대로 만들어진 개성 있는 피조물이기 때문입니다.

외모의 매력이 강렬한 사람도 있습니다. 내면의 매력으로 사람들을 감화시키는 사람도 있습니다.

외모의 매력은 짧은 시간 안에 사람들을 강하게 끌어당기지만, 그 힘이 오래 지속되기 어렵습니다. 반면에 내면의 매력이 강한 사람은 첫눈에 반했다거나 첫인상에 매료되었다거나 하는 강렬함은 없어도 시간이 흐를수록 그 넓이와 깊이가 더해진다는 장점이 있습니다.

젊은 시절에는 외모의 매력에 더 심취되는 경우가 많지만 연륜이 쌓일수록 내면의 매력을 알아보는 눈이 깊어갑니다.

우리는 저마다 지닌 다른 개성을 발전시켜 자신만의 개성 넘치는 매력으로 만드는 것이 중요합니다.

매력 있는 인간에게는 발산하는 에너지가 있습니다. 에너지는 힘이기 때문에 그 에너지로 사람들을 자신에게로 끌어당깁니다. 많은 사람들을 자신에게 끌어당길 수 있다는 것은 강한 영향력이 있다는 것입니다.

선한 영향력!

얼마나 멋진 말입니까!

이 힘을 우리 그리스도인들이 가져야 합니다.

선한 영향력만이 세상을 바르게 변화시킬 수 있기 때문입니다.

고통받는 사람들이 많은데 우리만 천국을 보장받았다고 해서 행복해집니까? 그렇지 않습니다. 우리 가족과 우리 가문만 구원받았다고 해서 사회가 행복해집니까? 결코 그렇지 않습니다. 지구의 한 모퉁이에서 굶주리고 피를 흘리고 있는데 모른 척하고 '아, 나는 따뜻하고 배부르다.'고 만족해할 수 있습니까? 결코 그렇지 않을 것입니다.

진정한 그리스도인이라면 뭔가 방법을 모색하고 길을 찾고 힘을 모을 것입니다.

어릴 때 몸져누운 아버지를 보고 자란 아이는 자라서 의사가 되어 아버지의 병을 고쳐주겠다고 다짐하며 성

장합니다. 고아원에서 외롭게 자라는 어린이는 어른이 되면 외로운 아이들에게 꼭 사랑을 듬뿍 주며 살겠다고 다짐합니다. 가난해서 굶주렸던 아이는 부자가 되어 배를 곯는 아이는 없게 하겠다는 꿈을 품고 자랍니다.

그런데 자라면서 꿈이 변질되어 악한 길로 발을 딛게도 됩니다. 어린 시절의 꿈이 건강하게 꽃필 수 있는 환경과 자양분을 공급받지 못했기 때문입니다. 얼마나 안타까운 일인지 모릅니다.

기도가 필요합니다. 애끓는 어머니의 마음으로 품고 기도해줘야 합니다.

아버지의 아낌없는 사랑과 하나님의 임재를 느꼈던 요셉은 나쁜 길로 빠질 수 없었습니다. 요셉을 끌어당기는 선한 에너지가 그를 지켰습니다.

역경을 이기고 승리하기 위해는 행동할 수 있는 에너지가 필요합니다.

그리고 가장 강한 에너지는 사랑의 에너지입니다.

사랑의 에너지로 위험한 길로 들어서려는 친구의 발걸음을 돌이킬 수 있습니다. 우리에게 사랑의 에너지가 있다면, 그 흡인력으로 친구에게 선한 영향력을 끼칠 수 있습니다. 사랑의 에너지로 마음이 돌처럼 굳어버린 사람들의 마음을 물처럼 부드럽게 풀리게 할 수 있습니다. 사랑의 에너지만 풍성하게 있다면 그 힘으로 우리가 하지 못할 일은 없습니다.

당신의 매력은 무엇입니까?

2.
믿을 만한 사람
(신뢰)

매력적인 그리스도인의 두 번째 조건은 신뢰입니다.

"이에 요셉의 주인이 그를 잡아 옥에 가두니 그 옥은 왕의 죄수를 가두는 곳이었더라 요셉이 옥에 갇혔으나 여호와께서 요셉과 함께 하시고 그에게 인자를 더하사 간수장에게 은혜를 받게 하시매 간수장이 옥중 죄수를 다 요셉의 손에 맡기므로 그 제반 사무를 요셉이 처리하고 간수장은 그의 손에 맡긴 것을 무엇이든지 살펴보지 아니하였으니 이는 여호와께서 요셉과 함께 하심이라 여호와께서 그를 범사에 형통하게 하셨더라"(창 39:20-23).

믿을 만한 사람, 믿을 수 있는 사람, 믿음이 가는 사람이 매력적인 그리스도인입니다.

요셉은 보디발의 집에서 보디발의 아내의 불의한 요구를 거절한 것 때문에 오히려 누명을 쓰고 감옥에 갇히게 되었습니다.

지금도 세상에는 이런 일들이 비일비재합니다. 믿음으로 바르게 살려고 하는 사람들이 오히려 억울한 일을 당하는 경우도 많습니다. 그러나 상황은 절대 그렇게 종료되지 않습니다.

감옥에서의 요셉의 생활을 보십시오.

하나님은 여전히 요셉과 함께 하십니다. 그런 하나님을 믿는 요셉은 변함없는 믿음으로 성실하게 살아갑니다. 언제 그런 억울한 일이 있었느냐는 듯 사람들을 기쁘게 섬기며 살아갑니다. 그렇게 행동할 수 있는 사람은 아마도 바보가 아니면 인격이 뛰어난 사람일 것입니다.

이 모습을 간수장이 눈여겨봅니다.

> "여호와께서 요셉과 함께 하시고 그에게 인자를 더하사 간수장에게 은혜를 받게 하시매"

21절 말씀입니다.

성실한 요셉을 지켜보던 간수장은 요셉에게 감옥의 제반 업무를 모두 요셉에게 일임합니다.

"간수장이 옥중 죄수를 다 요셉의 손에 맡기므로 그 제반 사무를 요셉이 처리하고 간수장은 그의 손에 맡긴 것을 무엇이든지 살펴보지 아니하였으니 이는 여호와께서 요셉과 함께 하심이라 여호와께서 그를 범사에 형통하게 하셨더라"(22-23절).

간수가 옥중 죄수를 다 요셉의 손에 맡겼다는 것은 굉장한 일입니다. 거의 있을 수 없는 일입니다.

그가 그렇게 한 이유는 간단합니다. 죄수인 요셉을 깊이 '신뢰'했기 때문입니다.

바꾸어 말하면 요셉은 간수장의 무한한 신뢰를 받을 수 있을 만큼 믿음이 가도록 성실하게, 최선을 다해 생활했다는 말입니다.

요셉이 억울한 옥살이를 한 감옥이란 곳은 어떤 곳입니까. 특별히 억울한 사연이 있는 경우를 제외하고는 죄를 지은 사람들이 사회로부터 격리되어 있는 곳입니다. 크게는 무시무시한 강도나 살인자로부터 작게는 좀

도둑까지, 사회의 질서를 무너뜨린 무리들이 사회로부터 뺑, 발길질을 당해 처박혀 있는 곳입니다. 죄를 지어 감옥에 들어온 죄인을 간수가 쉽게 신뢰할 수 있었겠습니까.

아닙니다. 처음에는 속으로 멸시하고 조롱했을 것입니다. 또 요셉의 죄목이 욕먹을 만하지 않습니까.

'아이고, 이 젊은놈이 싹수가 노랗구나! 은혜를 원수로 갚는다고, 주인의 부인에게 못된 짓을 하려고 하다니! 이놈은 사람도 아니다. 이 배은망덕한 놈을 사사건건 괴롭혀 줘야겠다. 반반한 얼굴값도 못하는 놈, 어디 한번 당해 봐라!'

이렇게 생각했을 것입니다. 정상적인 사람이라면 결코 요셉이 곱게 보일 리 없었을 것입니다.

그런데 시간이 흐르자 그 간수장의 마음이 180도로 바뀌었습니다. 과연 그동안 두 사람 사이에 무슨 일이 있었던 것일까요?

그 사이에 요셉의 진실을 간수장이 알아차릴 만큼 신실했던 그의 생활이 있었습니다. 말이 아닌 행동으로써 보여주는 진실함이 있었습니다. 그래서 간수장은 죄수

인 요셉을 신뢰하게 되었던 것입니다.

요셉을 발탁하여 중용했던 군대장관 보디발 역시 요셉에게 보이지 않는 배려의 줄을 계속 놓지 않고 있었던 것 같습니다. 이 당시에 히브리 노예가 주인의 아내를 성희롱했다면, 감옥에 갇히는 수준 정도가 아니라 아주 확실한 사형감입니다. 아주 당연히 극형에 처해야 하는데도 보디발은 요셉의 목숨을 빼앗지 않았던 것입니다.

그는 요셉을 감옥에 가두는 것으로 사건을 급히 마무리 짓습니다. 아마도 그는 평소 자기 아내의 행실이 어떠했는지를 어느 정도는 짐작하고 있었을 것입니다. 또한 그 동안 곁에 두고 가까이 보면서 요셉의 사람 됨됨이와 그 품성을 익히 알고 있었을 것입니다.

그리고 가장 중요한 것으로, 요셉이 자신의 집에 있는 동안 하나님이 요셉과 함께 하심을 보았을 것입니다. 자신의 집에 내려준 축복도 보았기 때문에 요셉을 죽여서는 안된다는 것을 알았을 것입니다.

그렇다고 무죄 판결을 내리면 만천하에 자기 아내의 허물을 인정하는 꼴이 되기 때문에, 군대장관으로서의 자신의 체면도 땅에 떨어지게 되어 버립니다. 그래서 보디발은 요셉을 적당히 감옥에 가둔 것으로 일을 마무리 짓고 만 것입니다.

하나님께서 보디발의 마음을 주장하지 않으셨다면, 요셉은 목숨을 보존할 수 없었을 것입니다. 그 어떤 환난 속에서도 신실하고 성실한 자녀를 지켜주시는 하나님이심을 믿어야 합니다.

요셉은 그런 하나님을 굳게 믿고 신뢰했습니다.

신뢰!
이것이 요셉의 매력입니다. 이것이 오늘 우리 그리스도인들의 매력이 되어야 합니다. 그리스도인은 신뢰받는 사람이 되어야 합니다.

지금 우리 사회는 신뢰가 무너지면서 서로를 힘들게 하고 있습니다. 믿음과 신뢰를 기반으로 하는 시민단체까지도 우리를 실망시키는 일이 비일비재합니다. 우리도 그리스도인으로서 진실되지 못한 점들이 많지만, 그러나 실수는 인정하고 서로가 마음으로 대하다 보면 우리들끼리 서로 끌리는 매력을 맛보게 될 것입니다.

'미국의 캘튼 리서치'에서 매혹과 관련한 설문조사를 했습니다.

설문 결과를 요약하면 다음과 같습니다.

첫째, 자신을 매력적으로 만들 수 있다면 상당한 비용을 지불할 용의가 있다.

둘째, 매력적인 상대에 대해서도 더 많은 비용을 지불할 수 있다.

셋째, 매력적인 삶이 인생의 중요한 목표지만 현실이 그렇지 못해서 안타깝다.

이것이 오늘날 우리들의 입장이고 현실입니다.

그렇다면 무엇이 우리를 매력적인 사람으로 만들어 줄까요?

지난 여름휴가 때 샐리 호그셰드의 '세상을 설득하는 매혹의 법칙'이라는 책을 읽었습니다. 이 책에서는 영향력과 설득력을 극대화하는 7가지의 열쇠를 이야기하고 있습니다. 살펴볼까요.

① 욕망

우리 속에서 쾌락을 생각하는 것만으로도 유혹을 당합니다. 욕망은 그처럼 매력적입니다.

② 신비

질문에 답하지 않으면 궁금함과 호기심이 발동하여 상대를 매혹시킵니다.

③ 경고

부정적인 결과가 예상되면 대비책을 세웁니다. 예를 들면 세금 징수 날짜를 어길 때 부과세를 부과하면 서둘러서 세금을 냅니다.

④ 명성

사람들은 존경의 상징에 병적으로 집착합니다. 인기를 끌기까지가 어렵지 일단 유명세를 타면 사람들이 많이 따릅니다. 유명한 브랜드에 집착하는 이유도 그 때문입니다.

⑤ 힘

사람들은 힘이 있는 곳으로 끌립니다. 권력이든 돈의 힘이든 힘이 곧 매력입니다.

⑥ 악덕

사람들은 악마의 속삭임, 금지된 행위를 욕망합니다.

⑦ 신뢰

사람들은 믿을 만한 대상에 충성합니다.

이 7가지 요소 중에서 가장 힘 있는 매혹의 법칙이 '신뢰'라고 말하고 있습니다.

이 신뢰를 구축하고 강화하기 위해서는 두 가지 요소가 필요합니다.

하나는 '관계'입니다. 즉 하나님과의 관계입니다.

요셉이 간수장에게 신뢰를 얻을 수 있었던 진정한 원인이 21절에 설명되어 있습니다.

> "여호와께서 요셉과 함께 하시고 그에게 인자를 더 하사 간수장에게 은혜를 받게 하시매."

이어서 23절입니다.

> "이는 여호와께서 요셉과 함께 하심이라. 여호와께서 그를 범사에 형통하게 하셨더라."

진정한 신뢰는 만들어지는 것이 아니라 마음에서 나옵니다. 마음은 확실성에 근거하여 신뢰를 만들어 냅니다. 그러므로 주님을 모시고 그분과의 관계 속에서 계속 교제가 이루어져야 합니다. 그분을 닮아가는 삶이야말로 그리스도인의 매력의 에너지원입니다.

요셉은 하나님이 함께 하셨고 하나님께서 그가 하는 범사에 형통하게 하셨습니다. 주님과의 바른 관계가 우리로 하여금 확실한 진리 위에서 생각하고 말하고 행동하게 합니다.

또 하나는 '반복'입니다.

사람은 하루아침에 어떤 진실성이나 신뢰성을 구축할 수 없습니다. 계속해서 반복하고 또 반복할 때 신뢰가 쌓이게 됩니다. 그러므로 시간이 가도 환경이 변해도 주님과의 관계가 지속적으로 계속되어야 합니다. 사람들과의 관계도 지속적으로 신실해야 합니다.

청교도 부모의 영향을 받고 자랐던 '주홍 글씨'의 저자 너대니얼 호손의 소설 '큰 바위 얼굴'은 호손이 만년에 쓴 단편소설입니다. '큰 바위 얼굴'이라는 소재를 통해 여러 가지 인간상을 보여주면서 이상적인 인간상을 추구한 작품입니다.

남북전쟁 직후, 어니스트라는 소년은 어머니로부터 바위 언덕에 새겨진 큰 바위 얼굴을 닮은 아이가 태어

나 훌륭한 인물이 될 것이라는 전설(傳說)을 듣습니다.

'나도 그런 훌륭한 사람을 만나보았으면…! 어떻게 살아야 큰 바위 얼굴처럼 될까?'

어니스트는 그런 기대를 가지고 진실하고 겸손하게 살아갑니다.

세월이 흐르는 동안 근방의 돈 많은 부자, 싸움 잘하는 장군, 말을 잘하는 정치인, 글을 잘 쓰는 시인들을 만났으나 큰 바위 얼굴처럼 훌륭한 사람으로 보이지 않았습니다.

그러던 어느 날 어니스트의 설교를 듣던 한 시인이 어니스트가 바로 '큰 바위 얼굴'이라고 소리칩니다.

하지만 할 말을 다 마친 어니스트는 집으로 돌아가면서 언젠가 자기보다 더 현명하고 나은 사람이, 큰 바위 얼굴과 같은 용모를 가지고 나타나기를 마음속으로 바란다는 내용입니다.

날마다 큰 바위 얼굴을 바라보고 닮기를 간절히 원하면서 살아온 어니스트는 자기도 모르는 사이에 큰 바위 얼굴을 닮아갔던 것입니다.

반복은 이처럼 위대한 힘을 가지고 있습니다. 매일

말씀을 보고 기도하는 순간들은 결코 헛되지 않습니다. 자기도 모르는 사이에 주님을 닮아 믿을 만한 그리스도인으로 변해가는 것입니다.

요셉의 매력인 그 신뢰성은 어디서 왔을까요?

요셉의 매력은 성실함, 그리고 신뢰성에 있었습니다.

나무로 비유하면 매력은 열매요 꽃이라면 신뢰는 나무입니다. 그 신뢰성대로 열매와 같고 꽃향기와 같은 매력을 발산합니다. 그리고 그 신뢰의 나무를 자라게 하는 뿌리는 '관계'입니다.

즉, 하나님과의 관계에 의해서 차근차근 신뢰가 쌓여갈 때 그 사람에게 매력의 열매가 맺히게 되는 것입니다. 그러므로 '관계·신뢰·매력'은 항상 함께 다니는 공식입니다.

첫째, 주님을 나의 구주와 내 인생의 주인으로 영접하십시오.

둘째, 그리고 지속적으로 그분과 동행하며 그분을 닮아 가십시오.

셋째, 그 구체적인 방법이 주님의 말씀을 듣고 기도

하며 살아가는 경건의 삶이 계속되어야 합니다. 하루아침에 되지 않습니다.

태양이 달을 빛나게 합니다. 그러나 해가 비추는 부분만 반사됩니다.

해바라기의 아름다움은 해바라기가 해를 보고 돌아가는 데 있습니다. 바람이 아무리 강하게 불고 햇살이 줄기를 태울 만큼 뜨겁게 내리쬐어도 해바라기는 절대로 태양을 향한 방향을 바꾸지 않습니다. 바람에 흔들리면 흔들리는 대로 우러러보고, 강한 햇살에 잎과 줄기가 마르면 마르는 대로 해바라기는 태양만 우러러봅니다. 그래서 해바라기는 자신이 일편단심 앙망하는 해를 닮았습니다.

우리도 해바라기와 같은 든든한 삶의 멘토가 있어야 합니다. 감정적으로 일시적으로 존경하고 따랐다가 환경과 여건이 불리하게 돌아가면 바로 인연을 끊는 관계가 아니라, 평생을 한결같이 배우고 닮아가는 진정한 멘토가 필요합니다. 진정한 멘토는 어려움 속에서 빛을 발해 길을 안내해 줍니다. 그런 멘토가 없는 사람은 작은 병풍 같은 인생의 장애물만 만나도 어찌할 바를 모르고 흔들립니다.

　인생길에는 여러 가지 어려움이 있습니다. 기나긴 인생길에 어찌 어려움이 없겠습니까. 하나님을 믿는 사람이라고 해서 그 어려움이 완전히 제거되지는 않습니다. 왜냐하면 하나님을 믿는 사람들이 무균실에 사는 것은 아니기 때문입니다. 공의의 하나님께서 믿지 않는 사람들에게도 햇빛과 달빛을 공평하게 비춰 주시는 것과 마찬가지로, 살아가는 동안 믿는 사람들에게도 이런저런 어려움이 닥치는 것입니다. 다만 다른 것은 절망스러운 상황 속에서도 믿음을 붙잡고 인내하며, 포기하지 않고 마음에 품은 비전을 의지해 앞으로 전진하는 것이 다른 것입니다.

　그래서 훌륭한 멘토가 있는 우리 그리스도인들은 행복한 사람이라고 할 수 있습니다. 바로 예수 그리스도가 우리 삶의 궁극적인 멘토이기 때문이지요. 그리고 예수님을 따랐던 많은 신실한 사람들이 우리 삶의 다양한 시기 속에서 적절한 멘토가 되어줍니다.

요셉은 청소년기에 가장 친밀하게 바라봐야 삶의 멘토입니다. 자주 바라보면 닮게 됩니다. 오래 같이 산 부부의 얼굴을 보면, 놀랍게도 아주 많이 닮아 있다는 것을 느낄 수 있습니다.

요셉은 어린 나이에 엄청난 고난을 겪으면서도 좌절하지 않았습니다. 긍지와 꿈과 도전을 잃지 않았기 때문입니다. 그리고 하나님을 믿는 믿음으로 마침내 그 꿈을 멋지게 성취해 냈습니다.

'삼중고의 성인'으로 불리는 헬렌 켈러는 태어난 지 1년 반 만에 불행한 사고로 볼 수도 없고 말할 수도 없고 들을 수도 없게 되었습니다.

그런 그녀에게 하나님은 20대의 젊은 교사인 맨스필드 설리번을 붙여주셨습니다. 설리번은 예배를 통하여 하나님의 말씀을 가르쳤습니다.

헬렌 켈러는 말씀 속에서 모든 어려움을 극복할 수 있다는 확신을 갖게 되었습니다. 성공한 후에 그녀는 낙심하고 좌절한 사람들과 장애자들에게 다음과 같이 격려하였습니다.

"용기를 가지세요. 하나님은 분명히 살아 계십니다.

여러분에게는 아직 눈이 있지 않습니까? 아직 귀가 들리지 않습니까? 아직 말할 수 있지 않습니까? 힘을 내세요. 어떤 환경인가가 중요한 것이 아니라 어떠한 생각으로 생활하느냐, 어떠한 이상을 추구하는가가 중요한 것입니다. 제 힘의 원동력은 하나님 앞에 드리는 예배입니다."

가난한 집안에서 태어나고 싶은 사람은 없습니다. 불화하는 부모 아래에서 태어나고 싶은 사람도 없을 것입니다. 지체장애자로 태어나서 운명이라고 감수하고 살기에는 너무나 억울하고 슬픈 환경도 있을 것입니다. 마라톤 경기에 출전했는데, 자기만 두 무릎이 꺾인 채 출발점에 서게 되었다면 억울한 마음이 왜 없겠습니까. 불공평하다고 세상을 향해 울부짖고 싶은 마음이 왜 없겠습니까.

그럴 때는 주저하지 말고 하나님 앞으로 나오시기 바랍니다. 나의 아프고 쓰린 마음을 나처럼 알아줄 분은 나를 친히 손으로 빚어주신 창조주 하나님 아버지밖에는 없습니다. 가전제품에 문제가 생기고 고장이 나면 어떻게 문제를 해결합니까. 당장 그 물건을 만든 제작

사나 제작사가 마련해놓은 서비스 센터를 찾아가지 않습니까.

 마찬가지입니다. 우리 인생의 문제를 해결하기 위해서는 반드시 우리를 지으신 창조주 하나님의 보살핌 아래로 들어와야 하는 것입니다. 그걸 알지 못하고 이 병원, 저 병원을 하염없이 돌아다니는 것은 남의 등만 긁어주는 어리석은 짓입니다.

 원치 않는 노예의 신분으로 떨어진 요셉을 바라보십시오. 불리한 환경만이 우리를 노예의 신분으로 만드는 것은 아닙니다. 인터넷 게임이나 술이나 담배 등…, 여러분의 힘으로 제어할 수 없는 어떤 강력한 힘 때문에 의기소침해지고, 자기가 하고 싶은 일을 할 수 없게 만들고, 자신이 한없이 못난 사람으로 여겨지는 사람이 있습니까?
 나를 그렇게 비참한 환경으로 몰아가는 악한 영향력은 내가 아닙니다. 내가 아니고 내 안에 있는 악한 힘이기 때문에 물리쳐야 합니다. 우리는 약하지만 그런 모든 원치 않는 노예의 사슬을 충분히 해결해 줄 강력한 힘을 가진 분이 계십니다.

　그분을 의지하시기 바랍니다. 그분은 여호와 하나님이시며 우리의 창조주이십니다.

3.
섬기는 사람
(봉사)

매력적인 그리스도인의 세 번째 조건은 봉사, 즉 섬김입니다.

"바로와 그의 모든 신하가 이 일을 좋게 여긴지라 바로가 그의 신하들에게 이르되 이와 같이 하나님의 영에 감동된 사람을 우리가 어찌 찾을 수 있으리요 하고 요셉에게 이르되 하나님이 이 모든 것을 네게 보이셨으니 너와 같이 명철하고 지혜 있는 자가 없도다 너는 내 집을 다스리라 내 백성이 다 네 명령에 복종하리니 내가 너보다 높은 것은 내 왕좌뿐이니라 바로가 또 요셉에게 이르되 내가 너를 애굽 온 땅의 총리가 되게 하노라 하고 자기의 인장 반지를 빼어 요셉의 손에 끼우고 그에게 세마포 옷을 입히고 금 사슬을 목에 걸고 자기에게 있는 버금 수레에 그를 태우매 무리가 그의 앞에서 소리 지르기를 엎드리라 하더라 바로가 그에게 애굽 전국을 총리로 다스리게 하였더라"(창 41:37-43).

론다 번이라는 여성작가가 쓴 '시크릿'이라는 책이 있습니다. 한때 우리나라에서도 베스트셀러가 되어 큰 호응을 받았습니다.

론다 번은 호주의 전직 TV 프로듀서 출신인데, 위대한 성공의 비밀을 전 세계 사람들과 공유하겠다는 결심을 하고 미국으로 건너갔습니다. 뛰어난 저술가·과학자·철학자들과의 공동작업으로 '시크릿' DVD와 책이 제작되었고, 이는 미국에서 '시크릿 신드롬'으로 이어졌습니다

세상을 가장 성공적으로 살다간 1%의 사람들만 알고 있는 성공의 비밀을 다룬다고 해서 이 책의 이름이 '시크릿(secrete, 비밀)'입니다.

그 책에 이런 이야기가 나옵니다. 이 세상의 모든 것은 에너지로 구성되어 있고 에너지끼리는 서로 끌어당긴다고 합니다. 이것을 '끌어당김의 법칙'이라고 합니다.

사람들도 모두 에너지를 발산하기 때문에 서로 강력

히 끌어당기기도 하고 강력하게 밀어내기도 한다는 것입니다.

여성의 경우, 미모도 에너지이기 때문에 예쁜 여성이 있으면 그 미모에 끌려온다고 합니다. 아름다운 여성이 지나가면 여자든 남자든 간에 자기도 모르는 사이에 그 모습에 눈길을 주게 되지 않습니까? 불순한 의도가 없어도 눈길이 끌리게 되는 것은 에너지가 있기 때문입니다.

돈도 마찬가지입니다. 돈이 많으면 사람들이 개미 떼처럼 몰려옵니다. 로또에 당첨된 사람들이 자기가 살던 그 집과 도시에서 계속 살지 못하고 상금을 수령한 후, 허둥지둥 외국으로 나가거나 거주지를 남몰래 옮기는 이유가 무엇이겠습니까.

자기에게 돈이 생겼다는 것을 알면 형제자매, 일가붙이는 물론, 사돈네 팔촌까지도 손을 내밀기 때문입니다. 그뿐입니까. 도움이 필요한 곳에서 정신을 차릴 수 없을 만큼 많이 찾아와 도움을 호소하고, 물리적 힘을 행사해 가족을 유괴하겠다는 둥 노골적으로 돈을 요구하는 사람들도 있다고 합니다. 그래서 사람들의 관심이 어느 정도 식을 때까지 고향을 멀리 떠나 있는 것이 상

책이라는 것이지요. 돈 그 자체에 에너지가 있기 때문에 돈이 있는 곳에는 사람들이 모이게 되어 있습니다. 선한 사람이 사용하면 돈은 선한 영향력이 커지지만, 악한 사람이 악하게 방탕하게 사용하면 돈은 악의 수단으로 전락하게 됩니다.

부자가 적절하게 돈을 쓸 줄 알면 사람들을 불러 모을 수가 있습니다. 권력도 마찬가지입니다. 그래서 권력가의 주변에는 사람들이 차고 넘치다가도 권력에서 물러나면 사람들도 바다에서 썰물이 빠져 나가듯이 한순간에 우르르 떠나 버리는 것입니다.

그러면 미모도 돈도 권력도 없는 평범한 사람은 아무것도 끌어당길 수 없습니까? 아닙니다. 인간에게는 누구나 고유한 에너지가 있기 때문에 그 에너지를 활용하면 사람에게 매력을 끌 수 있습니다. 예를 들면 내가 줄 수 있는 미소로 어떤 사람에게 활짝 웃어주면 그 사람이 나에게 호감을 보여줍니다.

또 내가 누군가에게 따뜻한 배려와 친절을 베풀면 상대방으로부터 감사의 에너지를 받을 수 있습니다. 상대방을 진심으로 칭찬하면 진심어린 보답을 받게 됩니다.

정리해보면 우리가 사람을 섬길 때, 친화력이 생기게 되어 매력이 있다는 말입니다.

섬기는 삶이야말로 그리스도인의 매력적인 삶입니다.
우리는 요셉의 생애를 통해서 진정한 섬김을 배울 수 있습니다.

요셉의 매력은 다른 사람을 섬기는 데서 나왔습니다.

그의 섬김은 애굽의 총리가 되기 위해서 계획된 정략적인 섬김이 아니었습니다. 하루하루, 그의 일상이 섬기는 삶이었습니다. 그리고 그 나날의 작은 섬김이 큰 섬김의 기회로 이어졌습니다.

그는 아버지의 집에서 성실하게 섬기는 아들이었습니다(창 37장).

17세의 소년으로 형들과 함께 양을 치며 살았고, 형들의 잘못을 아버지에게 말할 만큼 성실한 아들이었습니다(37:2).

그리고 아버지의 사랑받는 아들이었습니다(37:3). 다른 형제들과 다르게 채색옷을 입었습니다. 그리고 형들이 그를 미워하여 편안하게 말할 수 없었습니다.

아버지의 말씀대로 순종하여 세겜에서 양치는 형들에게 심부름을 갔다가 형들에 의해 노예로 팔렸습니다.

그는 아버지의 집에서 성실하게 부모님을 섬기는 착한 아들이었습니다. 모든 섬김의 기본이 가족을 섬기는 것입니다. 가정에서 인정받는 섬김이 다른 사역들을 성공하게 만듭니다.

요셉은 보디발의 집에서는 노예였지만 열심히 섬겼습니다(창 39장).

아버지 집에서는 꿈꾸는 귀한 아들이었으나 보디발의 집에서 요셉의 신분은 노예였습니다. 그래서 이제는 그런 꿈을 접고 소처럼 일만 해야 하는 노예였습니다. 그러나 요셉은 하나님이 주시는 꿈을 놓지 않고 열심히 일했습니다. 그 결과 주인에게 인정받고 가정 제반 살림을 맡은 총무가 되었습니다.

주인은 자기의 모든 소유를 다 요셉의 손에 맡기고 자기가 먹는 음식 외에는 간섭하지 않았습니다.

노예가 대제국 국왕의 친위대장의 인정을 받고 가정

총무가 되었다는 것은 그의 신실성과 성실한 섬김을 입증해주는 것입니다.

비록 노예일지라도 섬기면 매력적인 사람으로 쓰임을 받습니다. 그러므로 오히려 좌절의 순간이야말로 우리가 섬겨야 할 시간임을 알아야 합니다.

섬김이 절망을 극복할 수 있는 하나님의 방법입니다. 그러므로 절망스러울수록 섬김의 손을 내려놓아서는 안 됩니다.

요셉은 억울하게 죄수로 갇힌 감옥에서도 섬겼습니다(창 39:20~).

노예생활도 억울한데 이제는 정말로 황당한 누명까지 쓰고, 감옥에 죄인 아닌 죄수의 몸으로 갇히게 되었습니다. 이 정도면 다른 사람을 섬김은 고사하고 나 하나도 가누지 못하고 좌절해야 합니다. 분노하고 불평하며 복수의 칼을 갈아야 합니다.

그러나 그는 열심히 다른 사람들을 섬깁니다. 섬김이 요셉의 주특기요 매력입니다.

요셉은 옥에 갇혔으나 하나님은 요셉과 함께 하시고 요셉은 하나님의 은혜에 힘입어 열심히 섬깁니다.

"간수장이 옥중 죄수를 다 요셉의 손에 맡겼습니다"(창 39:22).

요셉의 섬김은 '퍼펙트'였습니다. 열과 성의를 다하여 섬기므로 간수장이 요셉에게 맡긴 것을 무엇이든지 간섭하지 않았습니다(창 39:23).

요셉의 섬김은 변함없는 섬김이었습니다. 환경의 변화에 따라서, 기분의 변화에 따라서 변하는 것이 아니었습니다. 몸에 밴 섬김, 그것이 그의 매력이었습니다.

요셉은 이집트의 총리가 되어 만민을 섬겼습니다(창 41:37~45).

사실 요셉의 섬김은 계속해서 승진을 가져오고 있습니다. 고통이 더해진 것 같은데 하나님의 계획은 요셉의 섬김을 갚아주고 계셨습니다.

왜냐하면 가정총무에서 교도소 총무로, 그리고 이제는 대제국 이집트의 전체 살림살이를 맡은 총리로 세워주셨습니다. 하나님은 섬기는 사람들에게 지혜를 주시고, 사람을 붙여 주시고, 그 사람을 존귀하게 높여 주십니다.

이제 요셉은 온 세상 사람들의 생명을 책임지는 총리가 되었습니다.

7년 풍년에 창고를 짓고 곡식을 비축하여 다가오는 7년 흉년을 대비합니다.

요셉 한 사람의 지혜로운 섬김으로 그 시대의 수많은 굶주린 백성들을 기아에서 구원했습니다. 그리고 그의 아버지 집의 식구들의 생명을 살렸습니다.

더 놀라운 사실은 요셉의 섬김으로 아브라함에게 약속하신 하나님의 뜻을 이루어 가는 도구로 쓰임 받았습니다. 섬김이 그의 삶이었습니다.

섬김이 꿈을 이룹니다.

요셉의 꿈은 이루어졌습니다. 이집트의 총리가 되어 온 세상을 섬길 수 있었습니다. 결국 요셉이 꿈에서 본 것처럼 부모와 형제가 모두 그에게 절을 했습니다.

그러므로 예수님은 달란트 비유에서 더 가진 자에게 더 주시는 원리를 말씀하십니다.

마태복음 25장 29절 말씀을 보십시오.

"무릇 있는 자는 받아 풍족하게 되고 없는 자는 그 있는 것까지 빼앗기리라."

다섯 달란트와 두 달란트를 받은 종들처럼 주어진 재능과 환경에서 열심히 섬기는 자는 섬기는 만큼 받아서 누립니다. 그러나 한 달란트 받은 종처럼 섬기지 않는 자는 있는 것도 빼앗긴다는 말씀입니다.

우리는 섬기도록 부름을 받았습니다.

그리스도인으로서 살아가면서 우리에게 가장 중요한 세 단어는 '부르심·섬김·일'입니다.

그리고 이 세 가지는 서로 깊은 관련이 있습니다. 우리를 부르시고 구원하신 이유가 섬김과 일을 위한 목적입니다.

먼저 우리를 부르신 가장 중요한 목적은 '되라'와 '하라'는 것입니다.

존재론적으로 먼저 그리스도인으로서 그리스도인답게 거룩하게 되는 것이 먼저입니다. 그래야 그리스도인답게 살 수 있기 때문입니다(하라).

'되라'와 '하라'는 상호 관계를 가지고 있습니다. '되라'가 '하라'를 결정합니다. 또한 '하라'를 통해서 '되어'

갑니다.

그러므로 먼저 믿음으로 주님과 교제하는 삶을 살아야 합니다(교제·말씀·기도).

그다음으로 공동체에서 사랑하도록 노력해야 합니다(교회). 그리고 세상을 섬겨야 합니다(세상).

그러므로 우리 교회의 사명은 '우리는 하나님을 사랑하고(교제) 이웃을 사랑하며(교회) 세상을 섬깁니다(세상)'인 것입니다.

결국 교회는 그 존재의 이유가 사람을 구원하고 세상을 변화시키도록 섬기기 위해 부름을 받았습니다. 결코 섬김을 받으려고 교회를 세우신 것이 아닙니다.

예수님이 그를 따르는 제자들에게 섬기는 삶을 명령하셨습니다.

마가복음 10장 35-44절(야고보와 요한이 자리를 구할 때)에서 우리 주님이 제자들에게 섬기는 삶을 권면합니다.

"너희 중에는 그렇지 않을지니 너희 중에 누구든지 크고자 하는 자는 너희를 섬기는 자가 되고 너희 중에 누구든지 으뜸이 되고자 하는 자는 모든 사람의 종이 되어야 하리라"(43-44절).

그리고 친히 오신 목적을 말씀하셨습니다.

"인자가 온 것은 섬김을 받으려 함이 아니라 도리어 섬기려 하고 자기 목숨을 많은 사람의 대속물로 주려 함이니라"(45절).

제자들의 발을 친히 씻겨주시고 말씀하셨습니다. 요한복음 13장 15절 말씀입니다.

"내가 너희에게 행한 것같이 너희도 행하게 하려 하여 본을 보였노라"(요 13:15).

그리고 요한복음 13장 17절에서는 "너희가 이것을 알고 행하면 복이 있으리라"고 약속해 주셨습니다.

그리스도인은 그리스도를 따르는 사람입니다. 그러므로 그리스도인의 매력은 그리스도처럼 섬기는 데 있습니다. 하나님께서 우리를 구원하신 목적이 '세상을 섬기게 하시려고'입니다.

그리스도인의 매력은 '섬김'에 있습니다.

섬김은 겸손에서 나옵니다. 겸손하지 않은 사람은 결코 남을 섬길 수 없습니다.

요셉은 겸손했기 때문에 섬길 수 있었던 것입니다. 남을 나보다 낮게 여기는 사람만이 진정한 섬김을 실천할 수 있다는 것을 알아야 합니다.

형편이 어렵고 자기의 처지가 나쁠 때는 겸손하기가 쉽습니다. 그러나 남을 다스리는 자리에 올라서면 겸손으로 사람을 섬기기가 점점 더 어려워집니다.

제가 마음에 두고 교훈을 삼는 에피소드가 하나 있는데, 거드름을 피우는 군인이 혼나는 이야기입니다.

어느 나라에 백성들을 아주 사랑하는 대통령이 있었는데, 때때로 변장을 한 채 백성들의 생활을 살펴보러 나가곤 했습니다.

어느 날, 대통령은 낡은 옷차림으로 거리를 걷고 있었습니다. 많은 사람들이 북적댔지만, 대통령을 알아보는 사람은 아무도 없었습니다.

대통령이 어느 식당 앞에 이르렀을 때, 장교 한 사람

이 굉장히 으스대며 식당 안으로 들어가는 것이 보였습니다. 대통령은 그 장교의 행동이 궁금해서 뒤따라 들어갔습니다.

장교는 계급장을 자랑하듯 꼿꼿한 자세로 어깨를 흔들며 의자에 가서 앉았습니다. 그러더니 가슴을 앞으로 내밀고 앉아서 큰 소리로 주인을 찾았습니다. 그 목소리가 어찌나 큰지 꼭 부하에게 명령하는 것 같았습니다.

대통령은 일부러 군인의 맞은편 의자에 앉으며 말을 붙였습니다.

"실례합니다. 계급이 아주 높은가 봅니다."

그러자 군인은 대통령을 힐끗 보며 대꾸했습니다.

"흥, 이걸 보고도 모른단 말이오?"

"혹시 중사이신가요?"

"에헴! 그 위요!"

"그럼 상사이신가요?"

"쳇! 그 위!"

"그럼 소위님이시로군요?"

"그 위!"

군인의 콧대가 더 위로 올라갔습니다.

"아! 중위님이신가요?"

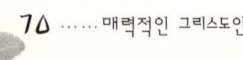

"음!"

"대단하십니다. 실은… 저도 계급이 있긴 한데….."

콧대 높은 그 장교는 계급장도 제대로 못 보는 얼간이를 골려 주고 싶은 생각이 들었습니다. 그래서 나이 들고 볼품없어 보이는 대통령에게 이렇게 물었습니다.

"그래? 하사쯤은 되나?"

"아니, 그 위라오!"

"그럼 중사인가?"

"그 위!"

계속 '그 위'라는 대답이 이어지자 군인은 뻐기듯 기대앉았던 몸을 바르게 고쳐 앉으며 물었습니다.

"그럼 대위님이십니까?"

"아니, 그 위!"

군인은 후닥닥 몸을 일으키더니 공손히 물었습니다.

"소령님이십니까?"

"그 위!"

이렇게 해서 소장까지 올라갔는데도 상대편은 '그 위!'라고 하니, 거만하던 군인의 얼굴은 새파랗게 질렸습니다.

"그, 그럼… 대장 각하이십니까?"

진주를 간직하고 있는 것은 병든 굴이다.

"그 위!"
"어이쿠, 그럼 원수 각하시군요."
"아니, 그 위!"
"아! 대통령 각하!"
군인은 그만 의자에서 벌떡 일어나 차렷 자세를 하며 경례를 붙였습니다.
"벼는 익을수록 고개를 숙이고, 강은 깊을수록 물소리가 작은 법, 군복이 부끄럽게 행동하면 되겠소? 그 계급장은 국민을 지키고 섬기라고 달아준 것이오."
대통령은 조용히 거만한 군인을 타일렀습니다.

그리스도인은 하나님 앞에서 사는 사람들입니다. 겸손하게 섬김으로써 하나님 보시기에 온전히 행하라는 '코람데오'의 정신을 실천해야 합니다.

오늘을 사는 우리는 자신이 사역을 위해 부름받은 것이 아니라, 하나님을 위해 부름받았다는 것을 알아야 합니다. 그 진리를 알게 되면 가슴 벅찬 감동이 느껴질 것입니다.
이 우주 안의 무수한 피조물 가운데 하나님이 특별한

존재로 인정하시고 손으로 지어주신 나.

그리고 그중에서도, 오대양 육대주 안에서 봄·여름·가을·겨울이 있는 아름다운 한반도에서 태어나게 하신 나.

또한 정말 잘난 것 없고 보잘것없는데 뽑고 또 뽑아서 하나님의 일을 위해 부르신 나.

마음이 설레고 떨리지 않습니까.

여러분을 그렇게 뽑고 부르신 분이 만유를 지으신 여호와 하나님이신 것입니다.

하나님을 잘 섬기는 것이 곧 섬기는 삶의 원천입니다.

사람을 목적으로 섬기면 섬김에 이중성이 들어갑니다. 그러나 하나님을 섬기는 사람은 사람을 섬길 때도 하나님을 섬기듯 합니다.

그러므로 "무엇을 하든지 사람에게 하듯 하지 말고 주께 하듯 하라"고 했습니다(엡 6:7).

우리가 하는 모든 일이 하나님의 일이 되게 하려면 모든 사람(일)을 하나님을 섬기는 자세로 하면 됩니다.

지극히 작은 소자에게 주님의 이름으로 냉수 한 그릇을 대접하는 것도 주님은 기억하시기 때문입니다.

어떤 사람이 매력적인 그리스도인일까요?
바로 섬기는 사람입니다.

겸손하게 섬기는 사람입니다.
섬김을 받는 사람보다 섬기는 사람이 훨씬 더 적극적인 주체로서 능동적인 인생을 산다고 할 수 있습니다.

어디로 가든지 섬기는 사람으로 삽시다. 그러면 성공합니다. 이것은 하나님의 약속입니다.
요셉의 찬란한 생애가 우리에게 그 사실을 증명해주고 있습니다.

4. 용서하는 사람 (용서)

매력적인 그리스도인의 네 번째 조건은 용서입니다. 자기에게 잘못한 사람을 죄를 꾸짖거나 벌하지 않고 덮어 주기란 쉽지 않습니다. 혹 입으로는 용서한다고 말할 수 있어도 심정적으로 전적인 용서를 하기란 어려운 일입니다.

> "요셉이 그들에게 이르되 두려워하지 마소서 내가 하나님을 대신하리이까 당신들은 나를 해하려 하였으나 하나님은 그것을 선으로 바꾸사 오늘과 같이 많은 백성의 생명을 구원하게 하시려 하셨나니 당신들은 두려워하지 마소서 내가 당신들과 당신들의 자녀를 기르리이다 하고 그들을 간곡한 말로 위로하였더라"(창 50:19-21).

우리는 살면서 피할 수 없이 서로에게 상처를 주고받습니다.

상처는 크든지 작든지 용서해야 치유됩니다.
그러나 용서하는 일은 결코 쉽지 않습니다.

저는 '용서' 하면 두 가지가 생각납니다.

첫째는 용서하는 일이 남의 일이면(영화나 드라마) 아름다운 휴먼스토리입니다. 그러나 정작 내 문제일 때는 용서가 그렇게 쉽지 않다는 사실입니다.

두 번째는 부모를 죽인 원수를 용서하는 것만 아니라 매일 매 순간 함께 살아온 가까운 사람들과의 사소한 감정들을 용서하는 것이 더 소중하다는 사실입니다.

제가 감동적으로 보았던 영화 중에 '글래디에이터'가 있습니다. 로마의 검투사 막시무스와 더불어 또 한 명의 주인공이었던 황제 마르쿠스 아우렐리우스의 아들 코모두스의 이야기입니다.

코모두스는 황제인 아버지의 사랑을 받기 원했으나

인정받지 못합니다. 그래서 결국 아버지를 용서하지 못하고 황제인 아버지의 목을 조르면서 이렇게 절규합니다.

"아버지! 아버지는 저에게 언제나 네 가지 덕목을 가르치셨습니다. 지혜와 정의·용기·절제를 가르치셨지요. 저는 아버지를 기쁘게 하기 위해서라면 이 모든 것을 지키고 싶었고 신이라도 되고 싶었습니다. 그러나 아버지는 제가 정말로 필요로 했던 사랑과 인정을 주시지는 않았습니다. 아버지가 저를 안고 따뜻한 말 한마디만 해주셨더라도 그 말은 저에게 태양과 같았을 것입니다. 그러나 아버지는… 아버지는…!"

용서하지 못한 아버지와 용서하지 못한 아들의 상처가 만들어내는 비극적 드라마의 한 장면입니다.

보편적인 우리의 일상이 그렇습니다. 부모님의 잔소리를 용서하지 못하는 자식들의 한이 가족의 비극사를 만듭니다.

불효자식을 용서하지 못하는 부모님들의 감정이, 그리고 부모님의 잔소리를 용서하지 못하는 자녀들의 감정이 가문을 비극사로 만듭니다. 그것도 대물림합니다. 확대되면 나라의 비극이 됩니다.

훈련을 통해 좋은 습관을 만들어라.

그래서 용서하면서 사는 그리스도인이야말로 매력적인 그리스도인입니다.

우리는 요셉을 통해서 또 하나의 매력적인 그리스도인의 조건인 '용서'를 배울 수 있습니다.

요셉은 위대한 용서를 실천한 사람입니다.

그는 형들 때문에 노예로 팔려가 인생 밑바닥의 삶을 살며 고생한 세월이 최소한 13년입니다. 17세에 팔려가 30세에 이집트의 총리가 되었으니까요.

요셉의 형들은 아버지 야곱의 편애를 받으며 화려한 채색옷만 입는 이복동생인 요셉이 아니꼬울 수 있습니다. 아버지가 요셉을 유난히 사랑해서 신분이 높은 집 아이들처럼 색깔 있는 옷을 해 입혔다고 생각했기 때문입니다. 실제로 야곱은 사랑하는 아내 라헬의 아들인 요셉을 다른 아들들보다는 더 아꼈습니다.

아마도 동복이었다면 요셉을 대하는 형들의 태도가 달랐을지도 모릅니다. 이복동생이라는 것은 부모님의 애증까지 얽혀 아주 미묘한 관계가 되어 버립니다.

거기다 태생적으로 정직성을 지닌 요셉은 형들의 잘못을 눈감아주지 못하고 아버지에게 말하기도 했습니다. 그런 요셉이 형들의 눈에는 눈 안의 가시와 같은 껄끄러운 존재일 수밖에 없습니다.

그런데도 눈치 없는 요셉은 형들이 자기를 싫어하는 줄도 모르고 "형! 형!" 하고 따라다닙니다. 꼴도 보기 싫은데 형들에게 줄 도시락을 둘러메고 형들을 찾아갑니다. 형들은 요셉의 채색옷을 보자마자 그동안 눌러왔던 울화가 확 치밀었는지도 모릅니다.

"어, 저기 재수 없는 꿈쟁이가 오는데? 뭐 우리 형제들이 다 자기한테 무릎을 꿇고 절을 할 거라고? 착각을 해도 어찌 그렇게 심하게 하지?

"정말 구제불능이야. 약으로도 고칠 수 없는 과대망상이라니까."

"오늘은 또 아버지께 뭘 일러바치려고 오는 거지? 걱정이 되는걸?"

"저런 시건방을 떠는 놈은 쓴맛을 봐야 해. 아버지만 믿고 형들을 우습게 여긴 대가를 치르게 해야 해. 안 그러면 계속 우리들을 깔볼 테니까."

"맞아, 맞아. 아버지 비위를 맞추는 것만큼 형들 비위도 맞춰야 한다는 걸 보여주자고!"

"본때를 보여줘야 해!"

형들의 분노가 하늘을 찌르는 줄도 모르고 요셉은 반가워 달려오며 소리를 질렀습니다.

"형들, 배고팠지? 내가 도시락 가져왔어!"

그러나 형들은 도시락은 반가웠지만 도시락을 메고 온 이복동생은 하나도 반갑지 않았습니다.

'오늘은 또 뭘 아버지께 고자질해 우리를 혼나게 하려나?' 하는 생각이 들면서 그저 얄미운 생각밖에 나지 않았습니다.

"얘들아, 여기는 우리밖에 아무도 없는데, 저 얄미운 놈을 그냥 없애버리자구! 그게 낫지 않을까?"

이복동생이란 때로 남보다 못한 처지가 될 때도 있는 것입니다.

"맞아. 아예 싹을 없애는 것이 후환이 없어. 우리 저 녀석을 죽여 버리자."

그날, 요셉은 형들의 마음속에서 영원히 죽은 것입니다. 겨우 목숨만은 건져 이집트의 상인들에게 노예로 팔려가게 되었지만 형들의 마음속에서는 죽어 버린 것이지요.

그런 형들을 이제 22년 만에 만나게 되었습니다. 총리가 된 후 7년, 풍년이 끝나고 흉년이 2년째에 접어들었습니다.

원수는 외나무다리에서 만난다지만 요셉의 형들은 절대적인 약자인 양식을 구하러 온 사람들입니다. 생사여탈권이 요셉의 손에 쥐어져 있는 자리에서 서로 만나게 됩니다.

그러나 요셉은 형들을 보고 대성통곡하며 이렇게 말합니다. 창세기 45장 4-8절 말씀입니다.

> "요셉이 형들에게 이르되 내게로 가까이 오소서 그들이 가까이 가니 이르되 나는 당신들의 아우 요셉이니 당신들이 애굽에 판 자라. 당신들이 나를 이곳에 팔았다고 해서 근심하지 마소서 한탄하지 마소서 하나님이 생명을 구원하시려고 나를 당신들보다 먼저 보내셨나이다. 이 땅에 2년 동안 흉년이 들었으나 아직 5년은 밭갈이도 못하고 추수도 못할지라. 하나님이 큰 구원으로 당신들의 생명을 보존하고 당신들의 후손을 세상에 두시려고 나를 당신들보다 먼저 보내셨나니 그런즉 나를 이리로 보낸 이는 당신들이 아니요 하나님이시라 하나님이 나를 바로에게 아버지로 삼으시고 그 온 집의 주로 삼으시며 애굽

자신을 통제하는 습관을 길러라.

온 땅의 통치자로 삼으셨나이다."

놀랍게도 요셉은 형들을 용서할 뿐만 아니라 그의 가정에 역사하신 하나님의 일을 고백합니다. 이것이 하나님의 사람 요셉의 매력입니다.

그 후에 이어지는 일을 보십시오.

죄를 지은 사람들의 특징은 항상 마음이 불안하다는 것입니다. 요셉의 형들의 마음에는 요셉을 미워하여 팔았던 기억 때문에 항상 마음이 편치 않았습니다.

그런데 이제 아버지 야곱이 세상을 떠났습니다. 그러자 요셉의 형들은 요셉이 그들을 죽일 것이라고 생각했습니다.

'어떻게 요셉이 우리가 한 짓을 완전히 용서할 수 있겠는가? 연로하신 아버지 때문에 어쩔 수 없이 참고 있었을 수밖에 없었을 것이다.'

이런 생각이 자꾸 들었습니다. 그래서 그들은 스스로 요셉에게 찾아가서 두려워하며 말합니다.

"우리는 당신의 종입니다."

이때 요셉이 탄식하며 용서하는 자신의 마음을 표현합니다. 창세기 50장 19-21절입니다.

"요셉이 그들에게 이르되 두려워 하지 마소서 내가 하나님을 대신하리이까 당신들은 나를 해하려 하였으나 하나님은 그것을 선으로 바꾸사 오늘과 같이 많은 백성의 생명을 구원하게 하시려 하셨나니 당신들은 두려워 하지마소서 내가 당신들과 당신들의 자녀를 기르리이다 하고 그들을 간곡한 말로 위로하였더라."

뒤끝 없이 깨끗이 용서하는 너무나도 멋있는 요셉의 모습입니다.

무엇이 요셉으로 하여금 이처럼 용서할 수 있게 했을까요?

본래 용서한다는 일이 쉬운 일이 아니지만, 요셉이 당한 상황에서 용서하기란 참으로 어려운 상황입니다. 그러기에는 형들의 악이 너무도 컸습니다.

"뭐예요, 형님들! 어떻게 그렇게 모질게 나를 버리셨어요? 아무리 미워도 한 아버지의 피를 나눈 형제가 아닙니까? 자기 혈육을 죽음의 웅덩이에 밀어넣고도 아무렇지도 않던가요? 그리고도 두 다리 뻗고 편히 잠이 오던가요? 그리고도 아버지의 눈을 바로 볼 수가 있던가요? 나를 기다리고 있는 극심한 고통이 고

소하던가요? 아주 깨소금 맛이던가요? 네? 말씀 좀 해보세요, 똑똑하신 형님들!"

이렇게 원망의 말을 쏟아부어야 정상적인 사람입니다. 소림사가 등장하는 중국의 무술 영화 같으면 요셉이 형들에게 멋있게 복수하고 창세기 50장은 끝나야 합니다.

우리들의 일반적인 정서로는 도저히 극복할 수 없는 상황입니다.

요셉이 용서할 수 있었던 힘의 근원,
그것은 하나님을 믿었기 때문입니다.
이것이 요셉의 고백에 나타납니다.

"당신들이 나를 이곳에 팔았다고 해서 근심하지 마소서 한탄하지 마소서 하나님이 생명을 구원하시려고 나를 당신들 먼저 보내셨나이다"(창 41:5).

요셉은 형들과 자신 사이에 일어난 일들을 하나님의 섭리로 믿었습니다.

"요셉이 그들에게 이르되 두려워 하지마소서 내가 하나

님을 대신하리이까"(창 50:19).

원수 갚는 것은 자신의 일이 아니고 하나님의 일이라고 고백합니다.

요셉은 하나님이 자신을 인도해 주시고, 자신을 높여 주셨음을 믿었습니다.

"바로가 또 요셉에게 이르되 내가 너를 애굽 온 땅의 총리가 되게 하노라 하고."

창세기 41장 41절입니다.
하나님이 요셉이 총리가 되게 하셨습니다.
그리고 하나님이 요셉에게 주신 꿈대로 부모형제가 와서 이집트의 총리인 요셉에게 절했습니다.

하나님이 요셉의 과거의 고난을 잊게 해 주셨음을 믿었습니다.
창세기 41장 51절입니다.

"요셉이 그의 장남의 이름을 므낫세라 하였으니 하나님이 내게 내 모든 고난과 내 아버지의 온 집 일을 잊어버

리게 하셨다 함이요."

그에게 아들을 주셨는데 그 이름이 '므낫세'입니다. 요셉이 장남의 이름을 므낫세라고 지은 이유가 있습니다. '므낫세'라는 말의 뜻은 '하나님이 내게 내 모든 고난과 내 아버지의 온 집의 일을 잊어버리게 하셨다'입니다. 사람의 힘으로는 불가능한 일입니다. 하나님이 잊게 해주셔야 고통스러웠던 일도 잊을 수 있고 원수도 용서할 수 있습니다.

하나님이 번성케 해 주셨음을 믿었습니다.

창세기 41장 52절 말씀에 보면 요셉의 차남의 이름이 나옵니다. '에브라임'인데 그 뜻은 이렇습니다.

"하나님이 나를 내가 수고한 땅에서 번성하게 하셨다."

과거를 잊는 것보다 더 중요한 것이 하나님이 번성케 하신 은혜입니다. 이 은혜 때문에 용서할 수 있었던 것이지요.

창세기 48장에 이상한 일이 벌어집니다. 야곱이 요셉의 두 아들에게 축복기도를 합니다. 그런데 자신들의 전통대로 장남에게 오른손을 올리고 차남에게 왼손을 올리고 기도해야 하는데 야곱은 그 반대로 합니다. 오른손을 차남 에브라임에게 올린 것입니다. 야곱의 눈이 잘 보이지 않는 상태였기 때문에 요셉이 분명히 알려주었는데도 말입니다. 이후 요셉의 두 아들은 야곱의 12지파에 들어가고 에브라임은 요셉의 후손 중에서 번성의 축복을 받게 됩니다.

요셉은 약속의 하나님을 소망하고 살았습니다.
창세기 50장 24-25절입니다.

> "요셉이 그의 형제들에게 이르되 나는 죽을 것이나 하나님이 당신들을 돌보시고 당신들을 이 땅에서 인도하여 내사 아브라함과 이삭과 야곱에게 맹세하신 땅에 이르게 하시리라 하고 요셉이 또 이스라엘 자손에게 맹세시켜 이르기를 하나님이 반드시 당신들을 돌보시리니 당신들은 여기서 내 해골을 메고 올라가겠다 하라 하였더라."

요셉이 죽음 직전의 유언에서 하나님을 믿고 있음을 알 수 있습니다. 아브라함과 이삭과 야곱에게 약속하신 땅에 이르게 하실 하나님을 믿었습니다. 그리고 반드시 후손들이 출애굽할 것을 믿었습니다. 그래서 자기의 해골을 메고 올라가라고 합니다.

하나님을 믿으면 용서할 수 있습니다.
먼저는 하나님의 관점으로 사건을 보고 인생을 해석하기 때문입니다. 다음은 하나님이 주신 은혜로 용서할 마음을 주시기 때문입니다.
용서하지 못한 분노와 저주는 결국 자신을 망하게 합니다.

시 109편 17절 이하(다윗은 기도)에는 용서하지 못한 사람의 불행이 나옵니다.

"그가 저주하기를 좋아하더니 그것이 자기에게 임하고 축복하기를 기뻐하지 아니하더니 복이 그를 멀리 떠났으며 또 저주하기를 옷 입듯 하더니 저주가 물같이 그의 몸 속으로 들어가며 기름같이 그의 뼈 속으로 들어갔나이다. 저주가 그에게는 입는 옷 같고 항상 띠는 띠 같게 하소서 이는 나의 대적들이 곧 내 영혼을 대적하여 악담하는 자들이 여호와께 받는 보응이니이다."

용서하지 못하고 독을 품으면 그 독이 결국 자신을

상하게 합니다. 독을 남을 향해 내뿜을지라도 독을 품은 그릇 역시 그 독에 상하게 마련인 것입니다.

이 성경의 진리를 과학이 증명해 줍니다.

상담 심리학자 딕 디비츠는 '용서의 기술'이라는 책에서 자신이 살고 자신의 운명을 바꾸기 위해서 용서하라고 합니다.

원래 제목이 'Forgive to live'입니다. '살기를 원하는가? 그러면 용서하라.'고 합니다. 용서의 도덕성이나 당위성을 말하기보다는 용서에 대한 과학을 말하고 있습니다. 저자는 심리학자요 심리상담학자로서 30년간 행동건강을 연구해온 전문가입니다.

우리는 상처를 주고 상처를 받고 삽니다. 그런데 분노는 사람을 아프게 하고 질병에 걸리게 합니다. 용서는 그 상처를 돌파하고 치유하게 합니다. 그러므로 삶을 새롭게 바꾸고 싶으면 용서하라고 합니다.

그러면 어떻게 용서할까요?

우리는 용서받은 사람들임을 명심해야 합니다. 용서를 받았기 때문에 그리스도인은 용서해야 하는 사람들입니다.

용서하기 위해 가장 실제적인 대안 한 가지만 말씀드리겠습니다.
그것은 '기도'입니다.

일단 기도하십시오. 무조건 기도하십시오.
아무리 용서하기 어려운 상대라 할지라도 용서하기를 원하신다면 그를 위해 기도하기를 시작하십시오. 그것이 바로 용서의 시작입니다. 우리는 보편적으로 용서하고 싶지 않은 사람들을 위해서는 절대로 기도하지 않습니다.

우리가 누군가를 위해 기도한다는 것은 이미 성령께서 우리 마음속에 용서의 사역을 시작하신 것으로 보아야 합니다.
용서하고 싶지 않은 상대라 할지라도 용서해야 한다는 것은 그리스도인의 당연한 숙제입니다. 왜냐하면 용서가 주님의 명령이기 때문입니다. 그리고 그분의 명령에 대하여 오직 유일하게 타당한 우리의 반응은 순종인

것입니다.

용서가 주님의 명령이라면 용서하려고 해야 합니다. 다른 여지가 없습니다.

이런 의지적 반응이 곧 순종의 시작입니다. 그리고 이런 순종의 가장 보편적인 출발점이 그를 위해 기도하는 것입니다.

예수님은 제자들에게 '주기도'를 가르치면서 그 무엇보다 용서의 기도를 실천할 것을 말씀하십니다.

"우리가 우리에게 죄지은 모든 사람을 용서하오니 우리 죄도 사하여 주옵소서"(눅 11:4).

모든 용서에 성공한 사람들은 용서의 기도에 먼저 성공한 사람들입니다. 용서가 안 되시면 "주님, 용서가 안 됩니다."라고 기도하십시오.

유명한 네덜란드의 믿음의 여인 코리 텐 붐의 이야기입니다.

자기 언니의 목숨을 빼앗고 자신을 수용소에서 학대한 수용소 간수를 전쟁 후 만났을 때, 그가 할 수 있는 유일한 일은 "하나님, 저 사람만은 용서할 수가 없습니다."라고 솔직하게 주님께 기도하는 일이었다고 합니다.

그러나 그녀의 내면에서 들려오는 하나님의 음성은 "용서하라."였습니다.

코리는 다시 "전 용서할 마음이 생기지 않습니다."라고 대답합니다.

주님은 다시 그녀에게 물으셨습니다.

"난 네게 용서할 마음이 있느냐고 묻는 것이 아니다. 용서하라는 나의 명령에 순종하겠느냐?"

"……."

"순종하겠느냐?"

"…네, 아버지."

그녀는 마침내 이를 악물고, 자신의 감정과 상관없이 의지적으로 순종을 결단하였습니다. 그리고 두 팔을 내밀어 그를 안는 순간, 하나님은 그를 진정 용서하는 마음을 부어 주셨다고 그녀는 간증합니다.

그러나 그녀는 후에 그것이 기도의 응답이었다고 고백합니다.

"주님, 난 용서할 수 없어요."

이렇게 기도하는 순간, 이미 용서의 능력이 주어지고

있었던 것입니다.

그러므로 용서를 결단하고 용서의 기도를 시작하십시오. 기도하는 사람에게 용서하지 못할 사람은 아무도 없습니다. 용서할 수 있는 힘을 공급해 주시는 분은 바로 하나님이시기 때문입니다. 내 힘으로 할 수 없는 일이 있을 때 그것을 해결하려고 붙잡고 몸부림치지 말고, 나는 할 수 없다는 진실한 고백을 하나님 앞에 털어 놓으시기 바랍니다. 그러면 하나님께서는 내가 할 수 있는 조건과 길을 열어놓으십니다.

요셉처럼 하나님을 믿는 믿음을 가진 사람답게 매력적인 그리스도인으로 승리하시기 바랍니다.

5.
하나님의 비전으로 사는 사람
(비전)

매력적인 그리스도인의 다섯 번째 조건은 꿈, 바로 비전입니다.

"요셉이 꿈을 꾸고 자기 형들에게 말하매 그들이 그를 더욱 미워하였더라 요셉이 그들에게 이르되 청하건대 내가 꾼 꿈을 들으시오 우리가 밭에서 곡식 단을 묶더니 내 단은 일어서고 당신들의 단은 내 단을 둘러서서 절하더이다 그의 형들이 그에게 이르되 네가 참으로 우리의 왕이 되겠느냐 참으로 우리를 다스리게 되겠느냐 하고 그의 꿈과 그의 말로 말미암아 그를 더욱 미워하더니 요셉이 다시 꿈을 꾸고 그의 형들에게 말하여 이르되 내가 또 꿈을 꾼즉 해와 달과 열한 별이 내게 절하더이다 하니라 그가 그의 꿈을 아버지와 형들에게 말하매 아버지가 그를 꾸짖고 그에게 이르되 네가 꾼 꿈이 무엇이냐 나와 네 어머니와 네 형들이 참으로 가서 땅에 엎드려 네게 절하겠느냐 그의 형들은 시기하되 그의 아버지는 그 말을 간직해 두었더라"(창 37:5-11).

요셉의 매력은 꿈에 있습니다. 꿈은 요셉의 트레이드마크입니다. 그만큼 요셉과 꿈, 꿈과 요셉은 떼려야 뗄 수 없는 관계입니다. 그러므로 요셉의 요셉다움은 꿈에 있습니다. 요셉의 생애를 꿈을 빼놓고는 논할 수 없습니다.

요셉의 생애는 오직 하나 꿈을 향해, 비전을 향해 나아간 기록과도 같습니다.

요셉의 매력의 뿌리는 하나님이요 하나님이 주신 비전 때문이었습니다. 비전은 인생의 뿌리와 같아서 삶의 방향을 잡아주고 가치관과 함께 살아가는 방법을 결정하는 아주 중요한 뿌리입니다. 그리고 어떤 어려움 속에서도 그렇게 살게 하는 힘입니다.

그러므로 꿈이 있는 사람이 매력적인 사람입니다. 요셉이 그런 사람입니다.

먼저 알 것은 요셉의 꿈은 하나님이 주신 것이었습니다.

하나님이 주신 비전이었다는 말입니다.

구약에서 꿈은 종종 하나님의 계시의 전달방법으로 사용하셨습니다. 기록된 계시가 종료된 지금 우리는 꿈을 의지할 필요는 없습니다. 우리가 믿을 수 있는 것은 오직 성경입니다.

성경은 하나님의 자기 계시로 거기에 하나님의 존재와 계획과 우리를 향한 하나님의 꿈이 다 기록되어 있기 때문입니다. 그러므로 기록된 계시가 주어진 지금 우리는 꿈을 절대로 객관화시키면 안 됩니다.

당대에 하나님은 요셉을 꿈으로 계시하고 인도하셨습니다. 특히 요셉의 꿈의 특징은 하나님께서 요셉을 통해서 하실 일을 보여 주신 사건들이었습니다. 요셉편에서는 섬기기 위한 것입니다.

먼저 하나님의 비전을 알아야 합니다.

하나님의 비전이 무엇입니까?

하나님의 창조와 언약과 구원 역사를 통해서 선명하

게 나타납니다.

창조의 목적을 살펴보겠습니다.

"하나님이 그들에게 복을 주시며 그들에게 이르시되"(창 1:28).

하나님께서 '복'을 주셨습니다.

아브라함을 택하신 이유가 있었지요(창 12:1-3).

"내가 너로 큰 민족을 이루고 네게 복을 주어 네 이름을 창대하게 하리니"

하나님이 아브라함에게 하신 약속이 '복'입니다.
그 복이 이제 그리스도 안에서 이루어집니다.

"그리스도께서 우리를 위하여 저주를 받은바 되사 율법의 저주에서 우리를 속량하셨으니 기록된바 나무에 달린 자마다 저주 아래 있는 자라 하였음이라. 이는 그리스도 예수 안에서 아브라함의 복이 이방인에게 미치게 하고 우리로 하여금 믿음으로 말미암아 성령의 약속을 받게 하려 함이라"(갈 3:13-14).

그러므로 하나님의 복은 사람을 구원하여 복을 받게 하는 것입니다. 하나님의 복은 그리스도 안에서 이루어지므로 하나님의 복은 다른 말로 하면 우리의 구원자 예수 그리스도입니다.

그러므로 그리스도인은 직장이나 사업에 상관없이 우리의 모든 삶을 통해 사람들을 구원하고 세우는 일을 위해 섬겨야 할 비전을 가진 사람들입니다.

비전이 이끄는 요셉의 삶은 어떠했는지요?

요셉의 꿈과 삶을 통해서 진정한 비전의 특징과 비전의 목적이 무엇인가를 알 수 있습니다.

첫째, 하나님이 주신 비전은 개인적입니다(창 37:5-10).

나에게 주신 나의 비전입니다
꿈 내용을 볼까요.
당신들의 곡식 단이 내 단을 둘러서 절합디다(7절).
해와 달, 열한 별이 내게 절합디다(9절).
요셉의 꿈은 요셉이 장차 어떤 모습으로 섬길 것인가를 보여주신 것입니다.

먼저 알 것은 꿈은 하나님이 나에게 주신 것입니다. 그러므로 나를 흥분시키고 내가 그렇게 살아야겠다는 열정이 안으로부터 솟아나는 것입니다.

그러므로 '나의 꿈'이어야 합니다. 오늘 본문을 보면 요셉은 꿈으로 벅찬 가슴을 안고 있습니다. 그래서 꿈을 말하지 않을 수 없었습니다. 미움을 받더라도 해야만 했습니다.

예컨대 칭기즈칸의 군대가 강했던 이유가 있습니다. 전리품을 모든 군사가 함께 나누고 전사한 군인의 가족은 칭기즈칸이 책임을 졌습니다. 그러므로 칭기즈칸의 군대에게 있어서 전쟁은 칭기즈칸의 전쟁이 아니라 '나의 전쟁'이었습니다.

둘째, 하나님이 주신 비전의 특징은 공동체적입니다 (창 40:1-23).

이웃을 유익하게 합니다. 감옥 안에서 꿈의 해석을 통해서 이웃을 섬깁니다. 술 맡은 관원장과 떡 맡은 관원장의 꿈을 해석하고 그대로 되었습니다.

요셉은 꿈으로 이웃을 섬겼습니다. 그러므로 우리가 알 것은 꿈은 공동체 혹은 다른 사람을 유익하게 하는

것입니다.

꿈이 개인적으로 끝나면 그것이 바로 욕망입니다. 이기적인 성공주의입니다. 비전을 빙자하여 다른 사람을 해치고 공동체를 분열시키는 것은 하나님이 주신 비전이 아닙니다.

하나님께서는 우리에게 이웃을 섬기도록 비전을 주셨습니다.

셋째, 하나님께서 주신 비전의 특징은 열방을 위한 것입니다(창 41장).

바로 왕이 꿈을 꿉니다. 그 꿈이 요셉의 꿈을 이루는 결정적인 계기가 됩니다.

사실 요셉의 꿈은 세계를 섬기는 꿈이었습니다(5-11절). 그 꿈대로 이집트의 총리가 되어 7년의 풍년 동안 창고를 지어 7년 기근을 준비하여 열방을 기근에서 구원합니다.

요셉은 자기 가족과 많은 나라들이 어려움을 겪는 국제적인 기근에서 생명을 구원하는 하나님의 도구로 쓰임을 받습니다.

고귀한 인물은 좀처럼 자기의 운명을 탓하지 않는다.

어떻게 꿈을 이루어 갈까요? 그 과정을 우리는 요셉의 삶의 여정에서 배울 수 있습니다.

성경의 인물들 가운데 요셉만큼 드라마틱한 삶을 살았던 인물이 또 있을까요. 형들에게 버림받아 이집트에서 종살이하고, 주인집 부인의 유혹을 뿌리쳤다가 억울한 옥살이를 하고 훗날 임금의 꿈을 해몽해 주고 일국의 총리로 살아가게 되는 삶은 참으로 한 편의 인생 역전드라마를 보는 것 같습니다.

요셉의 인생 역전 드라마를 통해 우리는 무슨 교훈을 얻을 수 있습니까?

하나님이 주신 꿈은 반드시 이루어진다는 것입니다.

그러므로 꿈을 품고 기도하십시오.

성령의 인도하심을 따라 말씀과 기도로 나에게 주신 하나님의 꿈이 무엇인가를 보여 주시고 이루어 달라고 기도해야 합니다.

서로 고백하고 나누십시오.

요셉은 형들과 꿈을 나누고 싶었습니다. 그래서 "내가 꾼 꿈을 들으시오."라고 했던 것입니다. 자랑하고 으스대고 싶어서가 아니라 나누고 싶었는데, 형들은 요셉의 말을 듣기는커녕 오히려 미워했습니다.

왜 그랬을까요? 그들에게 비전이 없었기 때문입니다. 비전이 있어야 할 자리에 시기와 미움의 감정만 있었기 때문입니다.

김황식 국무총리의 고향은 장성군 황룡면 황룡 1구 99번지입니다. 그 마을에서는 많은 인물이 배출되었다고 합니다. 김 총리의 형이 군수를 지냈고 누나가 대학 총장입니다. 그러므로 그 마을에서는 성공한 사람들의 이야기가 회자되면서 많은 젊은이들이 큰 꿈을 품게 된다고 합니다. 이처럼 꿈은 고백하고 나눌 때 현실화가 됩니다. 그래서 왕대밭에서 왕대가 납니다.

꿈을 현실의 삶에 적용하십시오.

요셉은 꿈 때문에 고난을 당합니다. 그러나 꿈 때문에 어려움을 극복합니다. 꿈이 그의 삶의 중심을 이끌고 있었기 때문입니다.

요셉의 생애를 묵상해 보십시오.

배는 바다 없이는 움직일 수 없습니다. 그러나 때로

바다는 생명을 위협하는 풍랑이 일기도 합니다.

그러나 꿈 때문에 어려움을 당합니다. 그리고 그 꿈으로 풍랑을 이깁니다.

배에 타고 있으니까 풍랑을 만납니다. 그러나 풍랑을 이기는 방법 또한 배 안에 있어야 이길 수 있습니다. 바람이 분다고 해서 배를 포기하고 뛰어내리면 죽습니다. 그리고 결국 세찬 바람으로 배가 뒤집힐 듯 흔들려 고통을 받지만 결국 배는 그 바람 때문에 훨씬 더 빨리 전진하게 된다는 것을 알게 됩니다. 풍랑은 인격을 연단시키고 인격을 다듬어 줍니다.

요셉의 삶은 시련의 연속이었습니다. 그러나 그는 기도와 감사로 모든 시련을 이겨 냅니다.

그것은 하나님이 주신 비전이 있었기 때문입니다.

그러므로 하나님의 비전을 가진 사람들은 인간적으로 꺾을 수 없습니다. 어려움은 오히려 꿈을 이루도록 다듬어 주는 용광로였습니다. 꿈과 배치되는 생각과 삶의 잡철들을 제거해 주는 과정이었습니다.

미국의 콜린 파월은 뉴욕 빈민가 출신의 흑인입니다. 그러나 그는 흑인 최초로 미국합동참모본부 의장이 되

었고, 마침내 미국의 국무장관의 자리에까지 오르게 되었습니다.

그가 17살 되던 해 여름방학에 그는 음료수 제조공장에 아르바이트를 갔습니다. 운이 나쁘게도 일감을 나누어 주는 공장장은 인종차별이 극심한 사람이었습니다. 모든 백인들에게는 쉬운 일감을 주고 흑인인 파월에게는 걸레질하는 고된 작업을 할당해 주었습니다. 그때에 콜린 파월은 충분히 불평하고 따질 수도 있었습니다.

"똑같은 학교에서 왔는데 왜 이렇게 차별을 합니까? 내 친구들은 편하게 앉아서 코카콜라를 병에 채우는 일을 하는데 왜 나만 걸레질을 하라고 합니까? 왜 나는 하인으로 씁니까?"

그런데도 그는 불평하지 않고 하나님께 감사 기도를 드렸습니다. 하나님을 전적으로 의지하는 사람은 하나님의 인도하심을 믿기 때문에 어떤 상황에서도 불평하지 않게 되는 것입니다. 꿈을 이루어 가는 과정이라고 생각하면 현재 겪는 어려움이나 넉넉한 마음으로 받아들일 수 있는 여유가 생겨납니다.

파월이 그러했습니다.

'하나님, 저에게 건강 주셔서 걸레질할 수 있는 힘을

주신 것을 감사합니다. 기왕에 일을 할 바에야 최고로 걸레질을 잘하는 사람이 되게 해주시옵소서.'

그는 밝은 표정으로 활기차게 일을 해 나갔습니다. 공장 전체를 아주 반들거릴 만큼 열심히 걸레질을 해서 티끌과 먼지가 없도록 만들었습니다.

'공장이 쾌적한 환경이 되도록 만드는 것이 내 임무다. 지금 주어진 일에 최선을 다하자.'

시간이 지날수록 점점 공장 안은 눈에 띄게 말끔해졌습니다. 방학이 끝나고 아르바이트생들이 돌아갈 때, 감독관이 파월을 부르더니 말했습니다.

"파월, 너는 정말 일을 잘하는구나. 보기 드물게 성실하고 말이야. 내년에도 또 일하러 오너라."

"네, 감사합니다."

파월은 하나님께 다시 감사의 기도를 드렸습니다.

'저에게 걸레질할 수 있는 기회를 주신 것도 감사한데, 인정받게 해주시니 너무나 감사합니다.'

다음해 방학 때 파월이 다시 그곳으로 아르바이트를 가자, 걸레질 대신 콜라를 채우는 기계 앞에 앉게 하더니, 그다음에는 부감독으로 승진시켜 주었습니다.

비전과 자부심이 파월의 마음을 그렇게 크게 넓혀 준

것입니다. 주어진 여건을 힘껏 섬길 때, 흑인이라고 차별대우를 하는 곳에서도 주목을 받게 되었습니다. 비전은 더 높은 곳을 바라보게 하고, 차별의 장벽을 다 걷어 내 버리고 인정받게 하고, 높은 자리에 앉도록 만들어 준 것입니다.

존 맥스웰(John Maxwell)은 성공하는 사람과 실패하는 사람의 차이점을 이렇게 설명했습니다.

'성공하는 사람은 삶의 목적이 있고 비전이 있다. 그들은 자신이 가지고 있는 꿈에 자극을 받아 그 꿈을 달성하기 위해 계속 앞으로 나가는 사람이다. 그러나 성공하지 못하고 실패하는 사람은 현재만 보고 사는 사람이다. 현실에만 급급하고 내일을 생각하지 못하는 사람이다.'

비전이란 미래를 먼저 보는 것이고, 미래를 믿음의 마음으로 품는 것입니다. 지금은 당장 보이지 않지만 땅 속에 있는 소중한 보물을 보는 것이 비전이고, 지금은 손에 잡히지 않지만 내일을 바라보고 나가도록 힘을 주는 것이 비전입니다.

하나님이 주신 꿈은 반드시 이루어집니다.

중요한 것은 하나님의 비전이 이끌어가는 삶을 사는 사람이 매력적인 그리스도인입니다. 신념이나 자기철학을 따라 살면 훗날 고쳐 살 수 없는 후회에 빠질 수도 있습니다. 그러므로 하나님이 주신 비전이 우리의 신념이 되고 철학이 되게 해야 합니다.

비전을 따라 섬기십시오.
그것이 하나님이 주신 꿈을 이루는 길입니다.
특히 영혼을 구원하는 일에 삶을 드리십시오.

6.
말을 잘 하는 사람
(언어)

매력적인 그리스도인이 되는 여섯 번째 조건은 언어입니다.

"요셉이 그들에게 이르되 청하건대 내가 꾼 꿈을 들으시오"(창 37:6).

사람의 속마음은 그 사람의 외모를 통해서 나타납니다. 그러나 외모만 가지고는 그 사람을 정확하게 알 수 없습니다. 왜냐하면 보는 시각과 상황에 따라서 다르게 나타나기 때문입니다.

그러나 말은 숨길 수 없는 그 사람 자체입니다. 말이 곧 그 사람을 대변합니다. 그러므로 그 사람의 매력은 말, 즉 언어를 통해서 나타납니다.

우리 생활 속에서 말은 참 중요합니다.

말은 우리의 존재를 대변하고 말은 생존을 위한 기본적인 수단이며 성공의 방법이기도 합니다. 그러므로 말을 잘해야 합니다. 유창한 말쟁이를 의미하는 것이 아니라, 말을 경우에 맞게 효과적으로 잘 해야 한다는 것입니다. 어떤 경우에는 말을 하지 않는 것도 말을 잘 하는 능력입니다.

성경은 말의 중요성을 수없이 강조합니다. 말이 복을 주기도 하고 말이 불행의 원인이 되기도 합니다. 사람을 살리기도 하고 죽이기도 합니다.

잠언 14장 3절입니다.

"미련한 자는 교만하여 입으로 매를 자청하고 지혜로운 자의 입술은 자기를 보전하느니라."

잠언 15장 4절입니다.

"온순한 혀는 곧 생명나무이지만 패역한 혀는 마음을 상하게 하느니라."

잠언 15장 23절입니다.

"사람은 그 입의 대답으로 말미암아 기쁨을 얻나니 때에 맞는 말이 얼마나 아름다운고."

그러므로 매력적인 사람은 말을 잘합니다. 말로 사람의 마음을 감동시켜 운명을 바꾼 이야기도 많이 있습니다. 그만큼 말에는 힘이 있고, 말을 잘 구사하는 사람에게는 역동적인 에너지가 발산됩니다.

미국 브랜든 대학교의 여자 농구부에 트레이시라는 선수가 있었습니다. 키가 182센티미터나 되는 좋은 체격을 갖추고 있어서 학교의 기대를 한 몸에 받고 있었습니다. 농구에서 키가 크다는 것은 아주 유리한 조건이었으니까요. 농구단의 감독은 선수들에게 언제나 격려하는 리더였습니다.

"트레이시, 조금만 더 노력한다면 대단한 선수가 될 거야."

1993년 1월, 다른 대학과의 경기가 있던 그날도 트레이시는 뛰고 달리며 마음껏 자신의 실력을 발휘했습니다. 그런데 경기가 끝나갈 무렵, 공이 트레이시에게 왔습니다.

'기회가 왔네? 점프슛을 해야겠다.'

트레이시는 경기장을 박차고 높이 뛰어오르며 슛을 날렸습니다. 그리고 바닥에 오른발을 내딛는 순간, 갑자기 그녀는 경기장이 울릴 정도의 큰 비명을 질렀습니다.

"트레이시!"

뛰어올랐던 충격으로 그만 무릎뼈가 으스러진 것이었습니다. 병원으로 옮겨진 트레이시는 몇 시간이나 걸리는 대수술을 받았습니다.

"선생님, 제 무릎은 어떤가요? 곧 회복될 수 있죠?"

"아, 그럼요. 너무 걱정 말아요."

말하는 의사의 표정은 밝지 않았습니다.

'아, 심상치 않아. 다시 코트에 설 수 없으면 어쩌지?'

트레이시의 불안감은 맞아떨어졌습니다.

3개월 동안 트레이시는 무려 아홉 번의 수술을 받았습니다. 오른쪽 다리를 살리기 위하여 뼈를 이식하면서까지 갖은 노력을 다했지만 성공할 수 없었습니다.

"…다리를 잘라야 합니다."

트레이시의 눈에서 쉴 새 없이 눈물이 흘러내렸습니다. 운동선수의 생명이 끝난 것이나 다름없었으니까요.

112 ······ 매력적인 그리스도인

외다리로 어떻게 농구코트에서 뛸 수 있겠습니까?

다리 절단 수술이 예정된 하루 전날, 농구팀 감독이 트레이시를 찾아왔습니다. 감독은 밝은 표정으로 말했습니다.

"힘내라, 트레이시. 네 등번호인 10번은 네가 돌아올 때까지 남겨두겠다. 네가 그 번호의 주인이니까!"

그 말에 트레이시가 힘차게 대답했습니다.

"네, 감독님, 꼭 회복해서 팀에 복귀하겠습니다."

그 자리에 있는 사람들 중에 감독의 말을 믿는 사람은 아무도 없었습니다.

3개월 후, 브랜든 대학교 농구부의 첫 연습이 있는 날, 가장 먼저 경기장에 나타난 사람은 트레이시였습니다. 그녀는 오른쪽 무릎 아래에 의족을 끼고 있었습니다. 선수들이 다 모이자 감독이 선수들의 연습팀을 나누어 주었습니다.

"트레이시! 1조!"

감독은 전력질주만 뺀 나머지 모든 연습에 트레이시를 참가시켰습니다. 다리를 절단한 뒤 4개월 만에 트레이시는 첫 경기에 참가했습니다. 그녀의 등 번호는 예전과 같은 10번이었습니다.

"12점에 6개의 리바운드, 트레이시! 정말 훌륭하구나!"

사람들은 자리에서 일어서서 트레이시에게 아낌없는 박수를 보내주었습니다. 이 성적은 트레이시가 다리를 절단하기 전에 낸 성적보다 훨씬 좋은 것이었습니다.

인생을 살다 보면 때때로 예상하지도 못했던 엄청난 불행 앞에 서게 되기도 합니다. 생각조차 해보지 않았던 큰 불행 앞에서 사람들은 모든 삶의 의욕이 꺾여 버립니다. 그러나 자신의 처지에 실망하고 낙심해 주저앉는 대신 꿋꿋한 의지로 어려움을 이겨 나간다면 보석과 같은 아름다운 열매가 맺힐 것입니다. 열매는 비와 바람을 겪고 나야만 단단해지는 법입니다.

요셉은 그의 신앙과 성품이 언어에서 풍겨나고 있습니다.

첫째, 그의 언어는 꿈의 언어였습니다.
그는 꿈을 말하기를 좋아했습니다.
요셉은 하나님이 주신 꿈이 그의 삶을 흥분시키는 사

람이었습니다. 하나님이 주신 꿈을 생각하면 가만히 있을 수가 없었습니다. 그래서 꿈을 이야기합니다.

두 번의 꿈을 꿉니다. 그리고 그 꿈을 형들에게 이야기하고 또 부모형제에게 이야기합니다. 그는 말합니다.

"내가 꾼 꿈을 들으시오!"(창 37:6).

우리가 꿈을 이루어 가는 과정에서 중요한 것은 서로의 꿈을 나누는 것입니다. 서로의 꿈을 나누고 이야기할 때 두 가지 효과가 있습니다. 하나는 꿈에 대한 나의 자세가 점점 구체화되고 다음은 듣는 사람에게 꿈을 꾸게 합니다.

우리는 우리 자녀들에게도 꿈을 말하게 하고 그 꿈을 격려해야 합니다. 로버트 슐러 목사님은 '불가능은 없다'라는 책에서 '이 세상의 위대한 일은 모두 위대한 꿈을 갖는 데서 시작된다.'고 말했습니다. 또 빌 하이벨스 목사님도 '꿈은 내 마음에 열정을 일으키는 미래의 그림'이라고 말했습니다.

똘망똘망한 눈으로 한 어린아이가 하염없이 밤하늘

을 바라보고 있었습니다. 어두운 밤하늘에는 작은 조각달만이 덩그렇게 있을 뿐이었습니다.

'호, 어른도 오랫동안 바라보기 힘든 밤하늘을 대체 무슨 생각을 하며 저렇게 응시하고 있을까?'

어린아이의 아버지는 아들의 마음속이 너무나 궁금하였습니다.

"얘, 밤하늘에 뭐가 보여? 무엇을 보고 있니?"

"네, 아버지, 달을 보고 있어요."

아들이 신이 난 목소리로 대답했습니다.

"그래? 달을 쳐다보면서 무슨 생각을 하는데?"

"아버지, 저는 어른이 되면 꼭 저 달나라에 가보고 싶어요. 제 두 발로 그 땅을 밟아볼 거예요."

아들의 말에 아버지는 아들의 어깨를 두들겨 주며 격려해 주었습니다.

"오, 그래. 넌 참 멋진 꿈을 가졌구나. 너희 시대에는 반드시 달나라에 가게 될 것이다. 너의 꿈대로 꼭 달에 발을 디딜 수 있을 게다."

그리고 30여 년 후, 그 어린아이는 자신의 꿈을 따라 달나라에 갈 수 있었습니다.

그가 바로 미국의 우주인 제임스 어윈이었습니다. 달

나라에 다녀온 후 그는 다음과 같은 말로 전 세계를 감동시켰습니다.

"달나라에 도착하자마자 저는 맨 처음 하나님의 창조하심과 하나님의 영광스러운 임재를 느꼈습니다."

우리는 자녀들이 꿈꾸는 것을 가로막거나 잘라버려서는 안됩니다.

"뭐라고? 달나라에 가겠다고? 비싼 밥 먹고 헛소리하는 거야? 정신 차리고 당장 공부하지 못해?!"

만일 어윈의 아버지가 이렇게 윽박질렀다면 제임스 어윈은 과연 과학자의 꿈을 이룰 수 있었을까요?

세상은 꿈꾸는 자가 변화시킨다는 것을 알아야 합니다. 우리 인생은 환경이나 조건에 의해 결정되는 것이 아니라 꿈에 의해서 결정되는 것입니다. 꿈은 얼마든지 환경과 운명을 극복할 수 있게 해줍니다. 왜냐하면 꿈에는 용기를 북돋우는 에너지가 있어서 능히 승리할 수 있게 이끌어 주기 때문입니다.

우리는 얼마 전에 가슴 아픈 뉴스를 접했습니다. 중학교 1학년 소년은 '춤꾼'이 되는 꿈이 있었습니다. 그는 춤만 추면 행복했습니다. 그래서 예술 고등학교를 가려고 했습니다.

그러나 그의 아버지의 꿈은 아들이 법관이 되는 것이었습니다. 그래서 아이의 꿈을 무시하고 체벌을 했습니다. 마음의 상처를 입은 아이는 자기의 꿈을 가로막는 아버지를 죽일 계획을 세워 집에 불을 질렀다가 그만 온 가족을 죽게 하고 말았습니다. 소년의 꿈도 아버지의 꿈도 온 가족의 꿈도 사라졌습니다. 뿐만 아니라 이 소년은 평생을 가족을 죽인 죄의 무거운 멍에를 메고 살아야 할 비극의 주인공이 되고 말았습니다.

우리는 꿈을 이야기해야 합니다. 그러나 꿈도 소통되어야 합니다. 나의 꿈을 이야기하되 다른 사람의 꿈도 들어줄 줄 알아야 합니다. 나의 꿈이 소중한 만큼 다른 사람의 꿈도 소중하게 여기고 격려해야 합니다.

꿈이 없는 사람과는 꿈 이야기로 소통할 수가 없습니다.
"내가 꾼 꿈을 들으시오."
대화를 요청하는 요셉에게 형들은 분노합니다. 그것

은 그들에게는 꿈이 없었기 때문입니다. 내일에 대한 원대한 꿈을 꾸는 대신 그 마음속을 아우 요셉에 대한 시기와 질투로 채우고 있었기 때문입니다.

둘째, 그의 언어는 믿음의 언어였습니다.

그는 하나님을 믿었고 하나님이 주신 꿈에 사로잡혀 살았습니다. 그러므로 그의 언어는 항상 신앙적이고 그 표현은 긍정이었습니다.

창세기 37장 13절을 보십시오.

> "아버지 야곱이 요셉에게 네 형들이 세겜에서 양을 치지 아니하느냐 너를 그들에게로 보내리라 요셉이 아버지에게 대답하되 내가 그리하겠나이다."

순종의 말이 그의 입에서 나옵니다.
"내가 그리하겠나이다."
이것이 요셉의 언어입니다.
믿음의 사람은 용어의 사용에서 그 차이가 납니다. 믿음의 언어를 사용할 뿐만 아니라 다른 사람의 눈높이에 맞추어서 대화합니다.

저는 목포극동방송에서 생방송으로 전도 프로그램을 8년째 진행하고 있습니다. 전도대상자를 의뢰해 오면 저와 전도대상자와 의뢰인 삼각으로 전화를 연결하여 인터뷰로 전도하는 프로그램입니다. 목소리와 주어진 몇 가지 상황으로 상대와 심리전을 벌여야 하는 고난도의 영적 싸움입니다.

이때 가장 중요한 것은 제가 목사의 입장으로 전도대상자를 대하는 것이 아니라 그 사람의 눈높이로 대하는 것입니다. 이때 쓰는 용어는 기독교적인 것이 아니라 지극히 일반적인 용어여야 합니다. 그리고 제가 많이 망가지는 편입니다. 그런데 놀라운 것은 거기에서 접촉점이 생기고 결신하게 되는 것을 봅니다.

믿음의 언어는 상대방을 고려하는 언어입니다.

셋째, 그의 언어는 거절할 줄 아는 분별력 있는 언어였습니다.

요셉은 "용모가 빼어나고 아름다운"(창 39:6) 사람이었습니다. 그는 유혹을 받았을 때 하나님이 주신 꿈이 있고 또 하나님을 믿는 사람답게 정확하게 거절할 줄 알았습니다.

주인의 아내가 그를 유혹했을 때 그는 단호하게 거절합니다. 아예 들으려고 하지도 않았습니다.

창세기 39장 8-9절 말씀입니다.

> "요셉이 거절하며 자기 주인의 아내에게 이르되 내 주인이 집안의 모든 소유를 간섭하지 아니하고 다 내 손에 위탁하였으니 이 집에는 나보다 큰 이가 없으며 주인이 내게 아무것도 금하지 아니하였어도 금한 것은 당신뿐이니 당신은 그의 아내임이라 그런즉 내가 어찌 이 큰 악을 행하여 하나님께 죄를 지으리이까."

사람의 매력은 언어의 긍정에만 있는 것이 아닙니다. 아닌 것을 아니라고 할 수 있을 때 그 언어가 자신을 살리고 다른 사람을 복되게 합니다.

저는 착한 사람 콤플렉스가 있습니다. 아마도 목사로서 모든 사람에게 좋은 사람이기를 바라는 목사라는 직업상의 특성 때문에 분별력은 있으면서도, 정확하게 '아니다'라는 말을 못하여 괴로움을 당할 때가 종종 있습니다.

목회하면서도 단호하게 성난 사자처럼 맺고 끊지를

못해서 곤경에 처할 때도 있었습니다.
 그런 우유부단한 내 성격으로 보면 이만큼 살아온 것도 순전히 하나님의 은혜입니다.

 아닌 것을 아니라고 말할 줄 아는 사람이 매력적인 사람입니다.

 그의 언어는 하나님의 뜻을 선포하는 언어였습니다. 요셉의 일생은 주로 꿈과 얽혀진 삶이었습니다.

넷째, 그의 언어는 용서하는 언어였습니다.
 그의 언어가 믿음의 언어였다는 가장 극명한 모습은 용서의 언어에서 나타납니다.
 원수를 갚는 것은 영적으로 허전하며 스스로의 실패를 확인하는 시간입니다. 그러나 인간적으로 고통스럽지만 용서하는 언어는 스스로가 승리자임을 확인하는 시간입니다.
 요셉의 용서는 결코 인간적으로 가볍게 다룰 수 없는 신앙의 행위였습니다. 감정적인 일시적 태도가 아닙니다. 하나님을 믿는 믿음에 뿌리를 둔 용서의 언어였습

니다.

두 번씩이나 변함없이 용서했음을 확인해 줍니다.

처음 형들을 만났을 때(창 45:1-8) 두려워하는 형들을 진심으로 용서합니다.

> "당신들이 나를 이곳에 팔았다고 해서 근심하지 마소서 한탄하지 마소서 하나님이 생명을 구원하시려고 나를 당신들보다 먼저 보내셨나이다.… 나를 이리로 보낸 이는 당신들이 아니요 하나님이시라."

다음은 아버지 야곱이 죽자, 두려워하는 형들에게 위로하며 용서합니다(창 50:19-21).

> "요셉이 그들에게 이르되 두려워하지 마소서 내가 하나님을 대신하리이까 당신들은 나를 해하려 하였으나 하나님은 그것을 선으로 바꾸사 오늘과 같이 많은 백성의 생명을 구원하게 하시려 하셨나니 당신들은 두려워하지 마소서 내가 당신들과 당신들의 자녀를 기르리이다 하고 그들을 간곡한 말로 위로하였더라."

말을 잘해야 합니다.

옷에 맵시가 있듯이 말에도 맵시가 있습니다. 유명

브랜드처럼 화려하지 않아도 자기 몸과 분위기에 맞는 옷을 잘 입는 사람들이 있습니다.

그처럼 말에도 그런 맵시 있는 말이 있습니다. 서울 말씨만 맵시가 있는 것은 아닙니다. 지방방언이 오히려 더 정겹고 마음에 와 닿습니다. 마음의 진실을 담은 대화는 사람을 끄는 힘이 있습니다. 만물에 색깔이 있듯이 말에도 색깔이 있습니다. 색깔은 조화가 생명입니다. 자기의 주장만을 앞세우는 독선적인 대화는 공감을 얻을 수 없습니다. 컬러는 다르지만 함께 서로의 마음을 배려하면서 잘 들어 주면서 하는 말은 사람을 끄는 매력이 있습니다.

말은 빛과도 같습니다. 빛에는 명도가 있고 조도가 있습니다. 사진을 찍어 보면 사진은 빛의 예술임을 알 수 있습니다. 빛의 노출이 사진의 기술입니다. 그처럼 말에도 긍정적이고 밝은 말이 있어서 사람들에게 힘과 용기를 주는 말이 있고 부정적이고 어두운 말이 있어서 사람을 낙심시키고 분노하게도 합니다.

음식의 맛처럼 말에도 맛이 있습니다. 오래오래 숙성된 김치 맛이 있고 푹 고아서 진국인 사골 곰탕국 같은

맛도 있습니다. 그러나 방금 버무려 놓은 겉절이도 나름의 맛이 있고 갓 볶아낸 멸치도 맛이 있습니다. 문제는 음식을 만드는 사람의 정성입니다.

그와 같이 나의 진심이 들어 있고 다른 사람을 배려하는 깊은 생각이 들어 있는 언어들은 서로의 마음을 움직이는 것이 너무나 당연합니다.

저는 스바냐 3장 17절 말씀을 자주 묵상합니다.

"너의 하나님 여호와가 너의 가운데에 계시니 그는 구원을 베푸실 전능자이시라 그가 너로 말미암아 기쁨을 이기지 못하시며 너를 잠잠히 사랑하시며 너로 말미암아 즐거이 부르며 기뻐하시리라 하리라."

피조물인 우리를 향한 하나님의 사랑의 고백을 담고 있기 때문입니다.

저는 삶이 때로 곤고하고 힘들 때나, 또한 사람들의 마음이 나의 마음 같지 않아 서글플 때나 내 마음을 너무나 몰라준다는 섭섭함이 일 때, 이 구절을 중얼거리며 묵상합니다.

하나님이 나로 인하여 기쁨을 이기지 못하는 존재인

내가, 무엇이 그리 섭섭하고 안타깝고 마음이 서글플 일이 있을까를 생각하며 마음을 다잡습니다.

그리고 더욱 충성하고 최선을 다해 하나님의 기쁨이 되고 싶은 간절한 열망과 소원을 품게 됩니다.

성경을 통해서 하나님의 사랑의 고백을 들을 수 있는 영적인 귀가 열린 우리가 되어야겠습니다.

그리고 그런 애끊는 사랑이 필요한 내 이웃에게 사랑의 말에 인색하지 않는 우리가 되어야겠습니다.

쓰면 쓸수록 더욱 풍성해지는 오직 하나, 그것은 사랑이니까요.

7.
인생을 잘 마무리하는 사람
(죽음)

매력적인 그리스도인의 일곱 번째 조건은 인생을 잘 마무리하는 사람입니다.

"요셉이 그의 형제들에게 이르되 나는 죽을 것이나 하나님이 당신들을 돌보시고 당신들을 이 땅에서 인도하여 내사 아브라함과 이삭과 야곱에게 맹세하신 땅에 이르게 하시리라 하고 요셉이 또 이스라엘 자손에게 맹세시켜 이르기를 하나님이 반드시 당신들을 돌보시리니 당신들은 여기서 내 해골을 메고 올라가겠다 하라 하였더라 요셉이 백십 세에 죽으매 그들이 그의 몸에 향 재료를 넣고 애굽에서 입관하였더라"(창 50:24-26).

요셉은 철저한 자기 관리로 성공한 사람입니다. 그의 기질이 신중하면서도 평생 동안 맡겨진 일을 성실히 감당한 것을 보면 자기관리에 얼마나 철저했는지 알 수 있습니다. 요셉은 자기가 살아 있을 때뿐만 아니라 세상을 떠난 이후의 일까지 세밀하게 계획하고 준비해 놓았습니다.

우리가 인생을 사는 동안 잘사는 것은 중요합니다.

2000년 이후 '웰빙(Well-being)'이라는 말이 미국에서 처음 등장했습니다. 육체적·정신적 삶의 유기적 조화를 통해서, 건강한 심신을 유지함으로써 행복한 삶을 추구하는 생활양식을 가리키는 말입니다. 우리말로는 '참살이'라고 하는데, 건강(health)과 행복(happiness), 건강한(well) 삶(being)을 뜻하는 영어단어 'well-being'에서 비롯되었습니다.

웰빙은 일반적으로 몸과 마음, 일과 휴식, 가정과 사회, 자신과 공동체 등 모든 것이 조화를 이루어 어느 한쪽으로 치우치지 않은 상태, 육체적인 건강과 정서적인 안정을 함께 좇는 삶의 방식입니다.

그런데 요즘은 웰빙과 더불어 웰다잉(Well-dying)이 크게 떠오르고 있습니다. 잘사는 것이 중요한 만큼 죽

을 때 잘 죽어야 한다는 웰다잉에 대한 사회적 인식이 높아졌습니다. 어차피 다가올 죽음을 수동적으로 두려워하면서 당황하다가 끝내지 않고, 미리 마음을 준비하고 주위를 정리하며 적극적으로 맞아들이는 자세로 많이 바뀌었습니다.

죽음은 그 누구도 피할 수 없는 엄숙한 인생의 한 장입니다. 일단 주변의 모든 것과 이별해야 한다는 것이 인생으로서 슬픔을 느끼게 합니다. 사랑하는 가족·친구들과 헤어진다는 것이 겁이 나고 괴로우니까요. 그래서 죽음은 슬프고 비통한 것이라는 인식만이 우리를 지배하게 된 것입니다. 아름답게 마무리되는 삶이 잘 산 삶임을 알아야 합니다.

이제 죽음에 대한 인식을 바꾸어야 합니다.

하나님을 믿고 예수님과 함께 하는 나를 알게 되면 더 이상 죽음은 두려운 존재가 되지 못합니다. 영생을 믿기 때문이지요. 영생을 믿는다면 죽음은 주님 안에서의 재탄생입니다. 우리가 부활할 때 인생이라는 광야길에서 살던 불완전한 몸이 완전한 몸으로 재탄생되지 않습니까.

육신의 죽음이 두렵지 않게 되면 담대함과 함께 평안이 오게 됩니다. 재물을 다 잃게 되고 육신의 건강이 악화된다고 해도 마음 깊은 곳에는 평강이 자리하게 됩니다.

미국의 부자 가운데 윌리엄 허스트라는 이름을 가진 부호가 있었습니다. 그는 60세가 되었을 때, 자녀들과 친척·친구들을 불러놓고 이런 엄명을 내렸다고 합니다.
"앞으로 내 앞에서는 농담이라도 절대로 죽음이라는 단어는 입 밖에도 꺼내지도 말아라!"
어쩌면 이 사람의 마음속에는 죽음에 대한 두려움이 있었을지 모르지요.

그런데 로마 역사를 읽으면 로마의 한 황제는 신하들이 아침마다 자기를 알현할 때마다, 이렇게 인사를 하도록 시켰다고 합니다.
"폐하, 죽음을 기억하십시오."
그런데 흥미로운 것은 그 윌리엄 허스트라는 부자는 죽을 때 엄청난 고생을 하면서 고통 속에 몸부림치다가

세상을 떠났는데, 이 로마의 황제는 아주 편안한 죽음을 맞이했다고 합니다.

죽음은 죽음을 준비하는 사람들에게만 승리를, 그리고 안식과 평안을 줄 수 있다는 하나의 교훈일 것입니다. 이 세상 사람 중 그 누구도 죽음에서 예외인 인생은 없습니다. '좀 더 빨리', 아니면 '좀 더 늦게'의 차이만 존재할 따름입니다. 결국 우리는 모두 한번은 세상을 반드시 떠나야 합니다.

사람의 평가는 마지막 날 하나님의 심판대 앞에서 밝히 드러날 것입니다. 이런 의미에서 사람은 잘 사는 것과 함께 잘 죽어야 할 것입니다.

요셉은 잘 살기도 했지만 잘 죽었습니다. 그것이 요셉의 매력입니다.

무엇이 그의 삶을 그렇게 잘 마치게 했을까요?

첫째, 그는 죽음을 당연하게 받아들였습니다.

요셉은 죽기 전에 형제들에게 말합니다.

"나는 죽을 것이다"(창 50:24).

마치 여행을 떠나는 사람처럼 당연하게 받아들입니다. 매력적인 사람은 죽음 앞에서 벌벌 떨며 비굴해지지 않습니다. 마음의 평안을 유지하며 담담할 수 있습니다. 다른 이유 때문이 아닙니다. 하나님과 영생을 믿기 때문입니다.

그래서 히브리서 기자는 말했습니다.

"한번 죽는 것은 사람에게 정해진 것이요 그 후에는 심판이 있으리라"(히 9:27).

그러므로 죽음은 '떠나는 것'입니다.

유명한 독일 고백교회의 본 회퍼 목사는 반 나치운동을 하다가 감옥에 갇히게 되었습니다. 그리고 이제 마지막 교수형을 받기 위해 간수가 와서 "나갑시다!" 하는 신호를 주었을 때 직감적으로 그것이 자기의 마지막인 것을 알았습니다.

그때 본 회퍼는 감옥에 같이 있었던 동료들에게 이런 인상 깊은 인사를 남겼습니다.

"친구 여러분, 이제 저의 새로운 여행이 시작됩니다. 이것은 결코 저의 마지막이 아닙니다. 저는 새로운

여행을 위해서 출발합니다."

이것이 죽음 앞에서도 당당한 그리스도인의 매력입니다. 성경이 가르치는 죽음을 알기에 그렇게 의연하게 떠날 수 있습니다.

죽음을 순리대로 받아들이는 준비가 된 사람은 시간을 소중하게 여길 줄 압니다. 인생의 끝이 반드시 있다는 것을 알기 때문이지요.

사람들은 시간에 돈을 지불하지 않기 때문에 그 소중함을 다이아몬드보다, 금보다 못하게 여깁니다. 그러나 끝이 있다는 것을 알게 되면 내게 주어진 시간이 너무나 소중하게 느껴지게 됩니다. 함부로 흘려보낼 수 없다는 엄숙함이 생깁니다.

'죄와 벌', '카라마조프가의 형제들' 등 세계 문학사에 길이 남을 수많은 명작을 남긴 도스토예프스키는 젊은 시절 사상범으로 잡혀 사형수 신세가 되었습니다.

'내 신념은 변하지 않는다. 나는 옳은 일을 했다.'

그는 스스로를 위로하려고 애썼습니다.

'당당하게 운명을 받아들여야지.'

시간이 흘러서 사형을 집행하는 날이 되었습니다. 사형수를 데리러 집행관들이 몰려 왔습니다.

형장으로 가는 길에 사형수는 고개를 들어 파란 하늘을 올려다보았습니다. 생전 처음 보는 듯이 맑은 하늘이었습니다.

'오, 하늘이 저토록 아름다운 파란색이었던가!'

눈에 보이는 사물이 모두 다 새롭고 애틋하게 보였습니다. 귀하게 보였고, 아름답게 느껴졌습니다.

사형장에는 많은 사람들이 조용히 앉아서 사형수를 기다리고 있었습니다. 분위기는 엄숙했고 모인 사람들의 표정은 더없이 어두웠습니다.

"지금부터 5분의 시간을 주겠소."

마지막으로 사형수에게 5분의 시간이 주어졌습니다.

'내 생애 마지막 5분이로구나. 이 5분을 어떻게 쓸까? 그래. 나를 알고 있는 모든 이들에게 작별 기도를 하는 데 2분을 쓰자. 그리고 오늘까지 살게 해 준 하나님께 감사하고, 곁에 있는 다른 사형수들에게 한 마디씩 인사를 건네는 데 2분을 쓰자. 마지막으로 나머지 1분은 내 인생에 베풀어준 자연의 아름다움과 최후의 순간까지 발을 딛고 서 있게 해 준 땅에 감사를

134 ······ 매력적인 그리스도인

전해야겠다.'

사형수는 한 사람, 한 사람 가족들과 친구들에게 마음속으로 작별인사를 해 나갔습니다. 그러느라 금세 2분이 지나 버렸습니다. 다음으로 자신의 지난 삶을 돌이켜 보며 정리해 나갔습니다.

'28년을 살았구나. 그런데 3분 후면 끝이라니…!'

아득한 절망감이 몰려오며 사형수의 눈앞이 캄캄해졌습니다.

'내가 왜 좀 더 세월을 아끼며 살지 못했던가! 아, 금쪽같은 시간을 귀하게 쓰지 못한 게 후회스럽다. 언제까지나 내게 주어지는 게 시간인 줄 알았어. 제발, 다시 한 번 살 수 있다면…!'

뜨거운 눈물을 흘리는 순간, 갑자기 집행장이 술렁이기 시작하더니, 믿을 수 없는 소식이 날아들었습니다.

"사형집행 중지! 중지명령이 내렸소!"

도스토예프스키는 기적적으로 목숨을 건지게 되었습니다. 그는 평생 사형집행 직전에 주어졌던 그 5분을 기억했습니다. 그때를 생각하면 단 1분이라도 헛되이 쓸 수가 없었기 때문입니다. 그 결과 그는 인류의 마음을 감동시키는 위대한 작품을 탄생시킨 세계적인 문호가

힘한 언덕을 오르려면 처음에는 서서히 걸어야 한다.

될 수 있었던 것입니다.

 나에게 정녕 최후의 5분밖에 시간이 없다면, 그 남은 시간은 얼마나 값진 것일까요. 10만원, 100만원과 바꿀 수 없을 것입니다.
 인생은 5분의 연속이라는 것을 알고 순간을 허비하지 않고 살아야 합니다. 순간이 모이면 영원이 됩니다. 내게 주어진 시간에 감사하고 보람 있는 일에 값지게 쓸 수 있어야 합니다. 또한 나의 시간을 중요하게 생각하는 만큼 남들의 시간도 헛되이 빼앗지 말아야 합니다. 시간 관리를 잘 하면 한 시간을 하루만큼 의미있게 살 수 있습니다. 뒤늦게 뼈아픈 후회를 하는 일이 없도록 알찬 하루하루를 보내야 합니다.

 삶을 충실하게 잘 살아야 후회 없는 죽음을 맞을 수 있습니다.

 천상병 시인은 '귀천'이라는 자신의 시에서 죽음을 비유하여 표현하기를 소풍을 끝나고 집에 돌아가는 것이라고 했습니다.

귀 천

나 하늘로 돌아가리라.
새벽빛 와 닿으면 스러지는
이슬 더불어 손에 손을 잡고,

나 하늘로 돌아가리라.
노을빛 함께 단 둘이서
기슭에서 놀다가 구름 손짓하며는

나 하늘로 돌아가리라.
아름다운 이 세상 소풍 끝나는 날,
가서, 아름다웠다고 말하리라.

- 천상병

둘째, 그는 하나님이 주신 꿈을 위해 살고 하나님의 약속을 믿고 살았습니다.

이것이 그가 당당하게 삶을 마무리 할 수 있었던 원인이었습니다.

요셉의 신앙은 놀랍도록 실재적입니다.

먼저는 자기 형제들이 이집트 땅에서 떠날 것을 믿었습니다. 그것은 하나님이 요셉의 조상들에게 약속하셨기 때문입니다.

창세기 50장 24절을 보십시오.

"하나님이 당신들을 돌보시고 당신들을 이 땅에서 인도하여 내사 아브라함과 이삭과 야곱에게 맹세하신 땅에 이르게 하시리라."

지금 이집트에서 그들은 대접받고 안전하게 보호받으며 잘 살고 있습니다. 거기서 떠날 이후의 상황은 상상할 수도 없습니다. 그러나 요셉은 하나님의 약속을 현실로 받아들였습니다.

다음으로 그들에게 맹세를 시킵니다.

"요셉이 또 이스라엘 자손에게 맹세시켜 이르기를 하나님이 반드시 당신들을 돌보시리니 당신들은 여기서 내

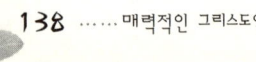

해골을 메고 올라가겠다고 하라 하였더라."

창세기 50장 25절입니다.

그런데 출애굽기 1장에 보면 이 내용이 그대로 이루어지는 것을 볼 수 있습니다. 이집트에서 나가는 일도 그렇습니다. 도저히 불가능한 일인데 하나님께서 그들과 함께 하사 바로를 치시고 홍해를 건너가게 하셨습니다.

우리 그리스도인들은 예언자적인 삶을 삽니다. 그것은 예지력이나 어떤 초인적인 힘을 이용해서가 아니라 하나님의 약속의 말씀을 믿으면 그렇게 됩니다. 하나님의 약속은 언제나 현실로 이루어지기 때문입니다.

요셉은 마지막으로 그의 형제들과 후손들을 축복하고 죽었습니다.

"나는 죽을 것이나 하나님은 당신들을 돌보시리니"(24 -25절).

성경 속에 등장하는 하나님의 사람들은 죽기 전에 삶을 인도하신 하나님께 감사하며, 남은 후손들을 위해 축복하고 죽었습니다. 이것이 매력적인 그리스도인의 최후입니다.

저는 죽을 때 두 가지 소원이 있습니다.

하나는 제게 구원의 확신을 갖게 했던 말씀, 즉 에베소서 2장 8-9절을 암송하면서 죽어 가기를 소원합니다.

> "너희는 그 은혜에 의하여 믿음으로 말미암아 구원을 받았으니 이것은 너희에게서 난 것이 아니요 하나님의 선물이라 행위에서 난 것이 아니니 이는 누구든지 자랑하지 못하게 함이라."

내 기억의 최후의 순간까지 이 말씀을 암송하면서 삶을 마치기를 원합니다. 참새도 죽을 때 "쨱!" 하고 죽는다는데 내 생명의 기운이 다 빠져 마지막 한 마디를 외칠 수 있다면 "예수님!" 하고 끝나기를 소원합니다.

또 하나는 하나님이 그런 여유를 주신다면, 자식들을 축복하고 나를 통해 복음을 받고 자란 성도들을 위하여 축복하고 죽고 싶은 것이 나의 소원입니다.

히브리서 기자는 히브리서에서 이런 고백을 합니다.

> "믿음의 주요 또한 온전케 하는 이이신 예수를 바라보

자"(히 12:3).

'믿음의 주요'라는 말은 믿음을 시작하게 만들어주는 믿음의 장본인·믿음의 저작자·믿음의 출발자, 그리고 믿음을 완성시켜 주실 분을 의미합니다. 우리는 주님 때문에 믿음이 시작되었습니다. 예수 그리스도를 구주와 주님으로 믿는 이 믿음 안에서 우리는 새로운 가치를 발견했고 새로운 삶의 의미를 발견했고, 죽음 건너편에 있는 영원한 소망을 발견할 수가 있었습니다. 주님께서 이 믿음을 주셨습니다.

그러므로 우리는 믿음으로 시작해서 마지막 믿음의 완성을 향해서 달려가는 순례자들입니다. 얼마나 매력적인 인생입니까!

얼마 전에 통영시에 세미나 인도차 갔다가 통영의 주산인 미륵산에 위치한 유명한 소설가 박경리 선생의 기념관을 돌아본 적이 있습니다.

평생을 원고지와 싸우다가 간 고인의 자취와 향기를 맡으면서 '뭔가 사람은 한 가지를 위해 이 땅에 왔구나.' 하는 생각이 들었습니다. 그가 쓴 '옛날의 그 집'이라는 시에 이런 내용이 나옵니다.

'대문 밖에서는
늘 짐승들이 으르렁거렸다.
늑대도 있었고 여우도 있었고
까치 독사 하이에나도 있었지
모진 세월 가고
아 아 편안하다 늙어서 이리 편안한 것을
버리고 갈 것만 남아서 참 홀가분하다.'

한경직 목사님은 구술 자서전인 '나의 감사'에서 이렇게 고백하셨습니다.

'나는 솔직히 우리 자손들에게 남길 유산이 하나도 없다. 문자 그대로 나는 내게 속한 집 한 칸, 땅 한 평도 없는 사람이다. 그것은 이미 모두 아는 사실이다. 내가 그동안 교회, 혹은 학교재단법인 이사장으로서 내 이름으로 등록된 재산이 있기도 하였고 아마 현재도 더러 있는 것 같다. 그러나 그것은 다 공적인 재산이고 내 것이 아니다. 이미 대강 알 줄로 생각하지만 나는 본래 내 몸을 하나님께 바칠 때 그저 온전히 모든 것을 바치기로 결심하였다. 나는 주님을 따

르는 종으로서 언제나 주님의 말씀이 내 귀에 들려온다. "여우도 굴이 있고 공중의 새도 집이 있으되 인자는 머리 둘 곳이 없도다." 하신 주님의 말씀이 기억되어서 무슨 재산을 소유한다는 것이 어쩐지 부끄럽게 여겨졌기 때문이다. 이것은 물론 내 양심이요, '교역자'라고 해서 재산을 가져서는 안 된다는 말은 아니다. 다만 나는 어떻게 해서든지 그런 생활을 주님께 바치고 싶었다.'

그렇습니다!
죽음을 알고 살고, 죽음 후를 믿고 목적 있게 살고, 죽음이 찾아올 때 당연히 떠날 줄 아는 우리가 매력적인 사람입니다.

버리고 갈 것만 남아서 참 평안합니다….

글을 맺으며

지금까지 저는 요셉의 생애를 중심으로 '매력적인 그리스도인'이 가져야 할 조건을 크게 일곱 가지로 나누어 짚어보았습니다.

일곱 가지는 정체성·신뢰·봉사·용서·비전·언어·죽음 등인데, 이 범주 안에 겸손이나 배려 등의 덕목이 다 포함되어 있습니다.

매력적인 사람이 되고 싶은데, 갖춰야 할 것들이 많아 미리 질릴 필요는 없습니다. 이런 매력 포인트를 갖추기 위해 공부가 필요한 것은 아니니까요.

글을 마치면서 제가 아주 쉽게 이런 매력덩어리가 될 수 있는 비결을 알려드리겠습니다.

예수 그리스도를 마음에 품으면 됩니다.
 매력적인 덕목을 갖추려고 인위적으로 애쓰지 않아도 된다는 것입니다.

 예수님 안에서 성령님의 인도하심을 받으며 살아 나갈 때, 성령 충만한 삶을 살아 나갈 때 부지중에 하나씩 다 갖춰지는 것을 우리는 깨닫게 됩니다.

 우리의 형편과 필요에 따라서, 나보다 더 내 심중을 세밀하게 아시는 분께서 내 인생의 길라잡이가 되어 주시겠다고 자원하고 계십니다. 그 사랑의 손길을 뿌리치지만 않으면 됩니다.

 청소년 시기는 인생에 있어서 가장 마음고생이 많을 시기이기도 합니다. 산더미만큼 큰 부담을 주는 학업 속을 허우적거리고 있고, 미래는 불투명하며, 행운의 화살이 나를 피해 가버리면 어쩌나 두렵고, 감수성은 아이 쪽에 가까워 한순간에도 기쁨과 슬픔이 파노라마처럼 교차되기도 하지요.

그럴 때 예수님을 만나야 합니다. 예수님의 인도하심과 하나님이 이끌어 오신 사람들의 자취에서 해답을 찾아야 합니다. 그들 역시 우리와 똑같은 인생을 살았고, 어려움을 겪었으며 희로애락의 파도 안에 놓여 있었기 때문입니다.

하나님께서 당시의 대국인 이집트의 총리가 될 요셉을 엄청난 시련의 도가니 속에 밀어 넣으신 이유는, 요셉으로 하여금 그 기막힌 시련 속에서, 나중에 오르게 될 영광스러운 자리, 총리가 알아야 할 모든 것을 배우게 하기 위해서입니다.

하나님의 사랑을 믿으십시오.
예수님은 목숨까지 바쳐 나를 사랑해 주신 분입니다.
내가 신실하게 하나님을 섬긴다면 내게 반드시 좋은 것으로 갚아주실 것입니다.
그것을 믿는다면, 오늘 우리가 처한 상황이 말이 안 되는 상황일지라도 용기를 낼 수 있습니다. 다시 불끈 일어나 긍정적인 생각을 펼칠 수 있습니다. 용기만이 난관을 극복하게 해주는 에너지가 됩니다. 하나님을 의

지할 때 우리는 마치 화수분과 같은 마르지 않는 은혜의 샘을 소유하게 되는 것입니다.

꿈을 믿는 사람은 열심을 내야 합니다.
 꿈 그 자체로는 아무것도 아닙니다. 세상을 정복하려는 꿈을 마음속에 가지고 일평생을 아무런 행동도 하지 않고 산다면 그 꿈은 백일몽에 불과하지 않겠습니까.

 꿈을 끌어당기고 현실과 꿈과의 사이를 좁히는 것은 바로 우리 자신입니다. 꿈을 현실로 만들기 위해 피땀 어린 노력이 있어야만 합니다. 노예의 신분이었지만 보디발이 그를 가정 총무로 발탁하고, 죄수 신분이었지만 감옥에서도 전옥이 모든 사무를 총괄하도록 맡긴 것은 그가 성실했기 때문이었습니다.

 하나님 앞에서 산다는 자각이 있다면 성실할 수밖에 없을 것입니다. 매 시간, 하루하루를 하나님의 임재의식 속에 살 수만 있다면 그 사람에게는 이런저런 잔소리는 필요 없을 것입니다. 사람과 하나님께 칭찬받을 수밖에 없는 사람이 분명할 테니까요.

요셉은 자신의 가족을 살렸을 뿐 아니라, 이집트라는 당시 세계 최강의 국가를 지켜냈고, 더 나아가서는 중동지역의 기근을 해결했던 큰 인물이었습니다.

늘 자기가 있는 곳에서 최선을 다했던 매력적인 요셉! 영원한 청년 요셉!

우리 청소년들이 그 요셉을 멘토로 삼았으면 좋겠습니다.
그래서 나는 물론
내가 속한 이웃과 지역과 사회,
그리고 사람을 살릴 수 있는
사랑의 인물들이 다 되었으면 좋겠습니다.

저는 우리 청소년들이
우리 사회를 살리는
믿음의 마중물이 되는 꿈을 꿉니다.

행복한 꿈입니다.

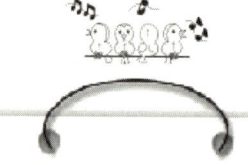

매력적인 그리스도인

지은이 : 전희문
초판일 : 2010년 12월 30일
http://saehan.cc

펴낸이 : 최송구
펴낸곳 : 도서출판 나됨
http://www.nadoem.co.kr
주소 : 서울시 은평구 역촌동 68-33 3층
전화 : 02) 373-5650, 010-2771-5650
등록번호 : 제8-237호
등록일자 : 1998. 2. 25
편집·제작 책임 : 김이리

값 : 7,000원
잘못 제본된 책은 바꾸어 드립니다.
저자와 합의하여 인지를 생략합니다.
ISBN 89-94472-04-5 03230